袁涤非 主编

礼仪文化丛书
Etiquette Culture Book Series

生活礼仪

中国礼仪

□ 洪夏子 刘彦萍 马 丽 朱娜 编著

东北大学出版社

图书在版编目（CIP）数据

中国礼仪. 生活礼仪 / 洪夏子等编著. — 沈阳：
东北大学出版社，2018.4
（中国礼仪文化丛书 / 袁涤非主编）
ISBN 978-7-5517-1872-1

Ⅰ. ①中… Ⅱ. ①洪… Ⅲ. ①礼仪－文化－中国
Ⅳ. ①K892.26

中国版本图书馆 CIP 数据核字（2018）第 090616 号

出 版 者：东北大学出版社
　　　　　地址：沈阳市和平区文化路三号巷 11 号
　　　　　邮编：110819
　　　　　电话：024－83683655（总编室） 83687331（营销部）
　　　　　传真：024－83687332（总编室） 83680180（营销部）
　　　　　网址：http://www.neupress.com
　　　　　E-mail: neuph@ neupress.com
印 刷 者：辽宁新华印务有限公司
发 行 者：东北大学出版社
幅面尺寸：170mm×240mm
印 张：12　　　　　　　　　　字 数：215 千字
出版时间：2018 年 4 月第 1 版　　印刷时间：2018 年 4 月第 1 次印刷
策 划：郭爱民　　　　　　　责任编辑：孙德海 牛连功
责任校对：杨世剑　　　　　　封面设计：琥珀视觉

ISBN 978-7-5517-1872-1　　　　　　　　　　定 价：58.00 元

— 序 —

　　于治国而言，"治国不以礼，犹无耜而耕也"；于修身而言，"今人而无礼，虽能言，不亦禽兽之心乎？"礼仪是人内在品德修为的外在表现，在中华民族的传统美德中占有十分重要的地位。当前，中国特色社会主义伟大事业已进入新时代。"仓廪实而知礼节"，在经济社会迅速发展、国人物质生活得到前所未有满足的新形势下，礼仪文化建设作为社会主义思想道德建设的重要内容，作为培育和践行社会主义核心价值观的重要手段，弘扬与规范之，可谓恰逢其时。

　　中华民族是礼仪之邦，以编辑文献的形式约定礼仪规范古已有之。西汉礼学家戴圣编纂的《礼记》（又名《小戴记》《小戴礼记》），选编了秦汉以前的各种礼仪论著（如《曲礼》《檀弓》《王制》《月令》《礼运》《学记》《乐记》《中庸》《大学》等）49篇，既确立了礼仪规范的基本标准（即"傲不可长，欲不可纵，志不可满，乐不可极)，又从道德仁义、教训正俗、分争辨讼、尊卑长幼、宦学事师、班朝治军、莅官行法、祷祠祭祀等方面阐述了礼仪的广泛用途，还制定了大至国家祭祀、小至家庭婚丧之丰富而具体的行为规范，影响中国1700余年。然而，我国现代礼仪文化研究起步很晚，对礼仪文化的研究还处于初级阶段。礼仪文化作为一门内涵小、外延广的边缘学科，还远远不能满足现代文明社会的需求，其科学性、系统性还有待提升到一个新的高度。我和湖南省礼仪文化研究会的各位同人，在从事礼仪文化的研究、教学、培训和推广过程中，常常因文献和教材不足而颇感遗憾。同时，作为礼仪文化工作者，我们也感到自身所肩负的重要责任。因此，我们试图通过撰著"中国礼仪文化丛书"为礼仪文化发展作一些有益的探索，怀抛砖引玉之心，为礼仪文化不断进步略尽绵薄之力。

　　对礼仪的分类，古已有之。传统礼仪有吉礼、凶礼、军礼、宾礼、嘉礼"五礼"之说。我们选择《公务礼仪》《商务礼仪》《服务礼仪》《医护礼仪》《形象礼仪》《生活礼仪》《言谈礼仪》《餐饮礼仪》《职场礼仪》《涉外礼仪》《儿童礼仪》作为丛书的

11 个分册，一方面是因为这 11 个专题的礼仪具有鲜明的现代社会特点，贴近日常工作和现实生活；另一方面，它们所包含的礼仪文化内涵无疑是现代礼仪的应有之义。当然，这与我们当前对礼仪文化研究业已取得的成熟成果分不开。

丛书的内容选择偏重于实践。其一，注重继承和弘扬中华民族优秀礼仪传统。中华礼仪源远流长，几千年中形成的礼仪传统符合大多数国人的心理定势，其中相当大的部分现在仍然适用。其二，单设分册介绍涉外礼仪内容。全球化是当今世界大势所趋，文化大融合不可逆转。借鉴和吸收世界各地的优秀礼仪文明，有利于在国际交往中传播中华礼仪文化、展示国人礼仪形象。其三，中华人民共和国成立已近 70 年，有必要在社会主义核心价值观和公民道德规范框架下，建立新时代中国特色社会主义礼仪规范体系。我们尝试从贴近大众生活的 11 个方面入手，探索建立一套切实可行的、能提升公民道德修养、提高社会文明程度的礼仪规范，并通过我们的教学、培训和读者的阅读，身体力行予以弘扬。其四，除了社会大众需要遵守的一般礼仪规范，我们还根据部分特定场合、特定人群、特定职业的不同特点，有针对性地总结和制定了一些针对特殊需要的礼仪规范，以增强"中国礼仪文化丛书"的实用性，更好地指导人们把学到的礼仪规范运用到生活和工作中。

参与丛书撰写的 33 位作者，都是湖南省礼仪文化研究会的中坚力量。他们不仅是长期从事礼仪教学、研究的优秀学者，还是在医疗护理、企业管理、市场营销、心理咨询、幼儿教育等一线工作的佼佼者。他们既有较深厚的理论功底，也有丰富的实践经验。丛书凝聚着作者们的智慧及心血。那些娓娓道来的礼仪阐释、生动有趣的礼仪案例、标准规范的礼仪影像，一定能让读者诸君学有所获、学有所用，使大家成为真正有修养、有品位、有风度、有气质，懂得爱己爱人的现代人。

袁涤非

2018 年 4 月于岳麓山下

目　录
Contents

第 三 章 家庭生活礼仪

第 四 章 出行礼仪

第 五 章 校园礼仪

礼仪是人类文明发展过程中的产物，它随着社会的进步、历史的发展而逐渐形成。中国是一个具有五千年悠久历史的文明古国，素有"礼仪之邦"的美誉。"礼尚往来""彬彬有礼""相敬如宾""礼贤下士"等成语都是人际交往所遵循的礼仪规范。可以说，中华民族的历史也是一部礼仪形成发展、不断丰富完善的历史。

礼仪是人际交往的标尺、和睦相处的准则、营造和谐的法宝、维系感情的线绳，是一个人思想觉悟、道德修养、精神面貌和文化教养的综合反映，也是一个国家和民族社会风貌、道德水准、文明程度、文化特色、公民素质的重要标志。孔子曾说，礼是"修身，齐家，治国，平天下"的基础，他认为人"不学礼，无以立"。《荀子·修身》中"人无礼则不生，事无礼则不成，国家无礼则不宁"的阐述更是说明了礼仪的重要。

礼仪渗透在社会生活的各个环节、各个领域，无论是对个人、对社会，还是对国家的发展都起着越来越重要的作用。日常生活中，礼仪处处可见，生活礼仪也被视为日常生活的"通用语言"。在全民创建文明和谐社会的今天，需要每一个人"知礼""明礼""习礼"，进而做到"达礼"，更好地展现自我修养，做真正的文明人。

第一节　礼仪概述

案例导入

几年前，有一位知名企业的总经理想要招聘一名助理。这对刚刚走出校门的青年们来说是一个非常好的机会，所以一时之间，应聘者云集。经过严格的初选、复试、面试，总经理最终挑选出了一个毫无经验的青年。

副总经理对于这个决定有些不理解，于是问道："那个青年胜在哪里呢？他既没带一封介绍信，也没有受到任何人的推荐，而且最重要的是他毫无经验。"

总经理说："是的，他没有带来介绍信，刚刚从大学毕业，也确实没有一点经验，但是他有很多东西是更为可贵的。他进来的时候在门口蹭掉了脚下带的土，进门后又随手关上了门，这说明他做事情小心仔细。当他看到身旁有残疾的面试者时，立即起身让座，表明他心地善良、体贴别人。进办公室后他先脱去帽子，回答我提出的问题时干脆果断，证明他既懂礼貌也有修养。"

总经理顿了顿，接着说："面试之前，我在地板上扔了本书，其他人都是从书上迈过去，只有这个年轻人把书捡了起来，并放回桌子上。当我和他交谈时，我发现他衣着整洁，头发梳得整整齐齐，指甲修得干干净净。在我看来，这些细节就是最好的介绍信，这些修养是一个人最重要的品牌形象。"

一、礼仪的起源与发展

中华文明上下五千年，中国素有"礼仪之邦"的美誉。五千年的悠悠岁月中，随着生产力水平的提升、社会的发展，人类社会化属性的日益增强，礼仪文化的内涵日渐丰富，终于达到今日之博大精深。但这种发展并未呈现出直线上升的趋势，其间的曲折跌宕，一如中国波澜壮阔的历史。

（一）礼仪的起源

从原始社会起，礼仪之根就开始萌芽，但当时的礼仪主要是一些礼节。最早的礼节用于对神灵的祭祀，所以就有了"礼立于敬而源于祭"的说法。

原始时期的人类面对变幻莫测的大自然，显得十分稚弱，无法解释千变万化的自然现象和突如其来的自然灾害，因此认为是鬼神、祖先在主宰人类的一切。人们开始用当时的一些精致、豪华的食具作为礼器进行祭祀，以表示他们对神灵、对祖先的敬畏，祈求保佑，祈求平安。这种祭祀活动可以看作礼仪的萌芽。

同时，随着家庭的形成，做父母的要抚养和关爱幼小的尚不能独立生活的子女；子女长大成人之后，则要赡养年迈的父母；兄弟姐妹之间也要互相关爱。早在尧舜时期，"五礼"（即父义、母慈、兄友、弟恭、子孝）就已形成，这对家庭成员之间的关系做出了明确的规定。这时，礼仪把家庭成员的言谈举止规范化了。

在社会活动中，人与人之间也渐渐形成了最初级、最原始的礼仪。在狩猎、耕种和部落之间的争斗中，同一群体中的人通过用眼神、点头、拉手等来示意互相之间如何配合。日常生活中，人们不自觉地用击掌、拥抱、拍手来表达欢快的感情，用手舞足蹈来表示狩猎获得食物的喜悦。人们之间这种相互的呼应、关照，逐步形成了一种习俗，这便是最初待人接物的礼节（现在的握手礼就始于原始社会），所以，礼仪成为当时人们交往沟通的一种"语言"。

原始社会后期，随着社会的发展，人们在生产和生活中的分工越来越细，于是产生了发号施令的领导者和服从安排的被领导者。为了维护领导者的地位，体现领导者和被领导者的等级差别，出现了尊卑有序、男女有别。例如：左尊右卑；在重大场合上，习惯以主人或东道主的左侧方位为尊位，其右侧为卑位。此时，礼仪又成了维系等级差别的需要，成为领导者教化子民、维持领导地位的工具。

所以，礼仪在萌芽时期，主要用于祭祀、规范家庭成员言行举止、人际交往中待人接物以及维护领导者的统治地位。

（二）礼仪的发展

每当中国进入一次大变革、大发展的历史时期，礼仪也随着时代的变迁而不断演变、充实和更新。漫长的礼仪文化发展史，可以大致分为礼仪孕育时期、礼仪形成时期、礼仪变革时期、礼仪鼎盛时期、礼仪衰落时期及现代礼仪时期。

1. 礼仪孕育时期

礼仪起源于距今百万年前的原始社会时期，随着人类逐渐进化而不断丰富、演变。在原始社会中、后期就孕育出早期礼仪的"胚胎"。比如，距今约1.8万年前的北京周口店人，已经会使用穿孔的兽齿、石珠作为装饰品，穿戴在脖子和手上。他们还会向逝去的族人周围撒放赤铁矿粉，以表示对族人去世的哀悼，这也可以说是中国历史上出现最早的宗教葬礼。

2. 礼仪形成时期

公元前 21 世纪至公元前 771 年，中国由金石并用时代进入青铜器时代。金属器皿的使用，把农业、畜牧业、手工业生产带到一个全新的时期。随着生产水平的大幅提高，除消费外，开始有了剩余，于是有了不劳而获的统治阶级与辛苦劳作的被统治阶级，由此产生了阶级对立，原始社会彻底瓦解。

在这个时期，由于中国刚从原始社会进入早期的奴隶社会，尊神活动仍被延续，并有日渐升温的趋势。在原始社会，由于缺乏科学知识，人们对于许多自然现象还不太理解，因此他们敬畏和祭祀"天神""河神"。在某种意义上，早期的礼仪是指原始社会人类生活的若干准则，也是原始社会宗教信仰的产物。

直至周朝，礼仪开始有所建树。周武王、辅佐周成王的周公，对周代礼制的确立都起到了重要作用。他们制作了礼乐，将人们的行为举止、道德情操等全部纳入当时的社会体制中，形成了一个尊卑有序的社会。《周礼》是中国流传至今的第一部礼仪专著，整理了周朝的官职表，用于讲述周朝的典章制度。由此可见，许多基本礼仪在商末周初便已基本形成。

在西周，青铜礼器已开始盛行，它是个人身份的象征——礼器的多寡代表身份地位的高低，显示权力的等级。在当时，贵族身上一般都佩戴成组的玉石，以显示身份地位。同时，尊老爱幼这类深入人心的礼仪规范在西周已蔚然成风，如当时孔子的"入则孝，出则悌，谨而信，泛爱众，而亲仁，行有余力，则以学文"，孟子的"老吾老以及人之老，幼吾幼以及人之幼"等都成为教育后人尊老爱幼的名言警句，至今也是人们的行为准则。所以，西周时期应该是礼仪的形成时期。

3. 礼仪变革时期

春秋战国时期，以孔子、孟子为代表的儒家系统地阐述了礼仪的起源、本质和功能。儒家文化一直主导着我国封建社会，影响达几千年之久。儒家思想宣扬"礼教"，提出以"修身""真诚"为本，认为在各种伦理关系中，对人诚实无妄才是"礼"的最高境界。孔子非常重视礼教，将"礼"作为治国、安邦、平天下的基础，他倡导用"礼"来约束和规范人的行为准则，认为："不学礼，无以立。""君子义以为质，礼以行之，孙以出之，信以成之。君子哉！"意思是说：君子要以义作为根本，用礼加以推行，语言表达要谦和，待人处世态度要真诚，这才称得上是谦谦君子。孟子提出"五伦"（即君臣、父子、兄弟、夫妇、朋友五种人伦关系），倡导父子之间有骨肉之亲，君臣之间有礼义之道，夫妻之间挚爱而又内外有别，老少之间有尊卑之序，朋友之间有诚信之德。这是处理人与人之间关系的道理和行为准则。这一时期，除儒家之外，还有其他思想主张，如：道家崇尚自然无为、独善其身，主张废除一切礼仪；法家推崇强权政治，主张以法代礼；墨家主张平等、博爱、利他，以义代礼。各家的主张虽然不同，但正是这种百家争鸣、各种思想相互吸收和融合，才使礼仪的内涵发生了较大的变革。所以，春秋战国时期是礼仪的变革时期。

4. 礼仪鼎盛时期

公元前 221 年，中国历史上第一个中央集权制的封建王朝——秦朝——建立了。秦始皇在全国推行"书同文""车同轨""行同伦"，成为延续两千余年的封建体制的基础。

西汉初期，思想家董仲舒把封建专制制度的理论更加系统化，提出了"唯天子受命于天，天下受命于天子"。他把儒家礼仪概括为"三纲五常"，即"君为臣纲，父为子纲，夫为妻纲"和"仁义礼智信"。他还提出了"罢黜百家，独尊儒术"的思想，让儒家礼教成为了定制。

汉代，一部包罗万象、堪称集上古礼仪之大成的《礼记》问世，它把奴隶社会和封建社会的礼仪汇集成册，成为封建时代礼仪最经典的著作。其中，有讲述古代风俗的《曲礼》，有谈论饮食和居住文化的《礼运》，有记录家庭礼仪的《内则》，有记载服饰礼仪的《玉澡》，有论述师生礼仪的《学记》，还有教授人们道德修养的《大学》。《礼记》对礼仪分类论述，内容十分丰富。

唐宋时代，《礼记》已由"记"上升为"经"，出现了以儒家思想为基础，融合道学、佛学思想的理学，朱熹便是其中的主要代表人物。他指出："仁莫大于父子，义莫大于君臣，是谓三纲五常之本。人伦天理之至，无所逃于天地间。"这一时期对于家庭礼仪的研究也是成果颇丰。在大量的家庭礼仪著作中，《朱子家礼》《司马氏书仪》最著名。前者相传为朱熹所著，后者为司马光撰写。

所以，这一时期的礼仪研究硕果累累，礼仪形式的发展也日趋完善，忠、孝、节、义等礼节也日趋繁多。无论是内容还是形式，礼仪都进入了鼎盛时期。

5. 礼仪衰落时期

清朝入关后，开始逐渐接受汉族的礼制，并使其复杂化，让礼仪变得死板、烦琐。如清代的品官相见，当品级低者向品级高者行跪拜礼时，一般是一跪三叩，甚至三跪九叩。清代后期，贪污腐败盛行，官员腐化堕落，封建社会由盛转衰。随着洋务运动的兴起，西方礼仪开始传入中国，而西方礼仪与中国推崇的礼仪思想有很大的差异。所以，这一时期中国的传统礼仪规范无论是内容还是形式，都受到了西方礼仪的强烈冲击，出现了"大杂烩"式的礼仪思想，封建礼教开始土崩瓦解。

6. 现代礼仪时期

清末，鸦片战争打开了中国长期封闭的大门，国人开始了解西方的政治、经济、文化。大批爱国人士为寻找富民强国的道路，在把西方的文化、科技引入中国的同时，也把西方礼仪介绍进来。辛亥革命之后，封建王朝覆灭，中国人民为摆脱封建礼教的束缚而不断地进行变革。直到1949年10月，中国进入一个崭新的时期，封建礼教被彻底废除，逐步形成了现代礼仪。

改革开放以来，随着中国与世界各国交往的日趋频繁，在我国传统礼仪的基础上，融入了西方先进的礼仪文化，形成了中国特色的新型社会关系和人际关系，那就是：平等相处，团结友爱，互帮互助，礼尚往来。礼仪从内容到形式都在不断变革，构成了社会主义礼仪的基本框架，现代礼仪进入了全新的发展时期。2005年，中央电视台一系列"迎奥运，讲文明，树新风"公益广告热播，各行各业的礼仪规范纷纷出台，如政务礼仪、商务礼仪、服务礼仪、教师礼仪、医护礼仪、国际礼仪等，社会上还出现了各种针对不同年龄、不同阶层的礼仪培训机构，如儿童礼仪、中学生礼仪、大学生礼仪、求职礼仪、职场礼仪等，人们越来越深刻认识到"不学礼，无以立"的道理，学习礼仪知识的热情日益高涨。

2017年10月18日，习近平总书记在党的十九大报告中强调："要提高人民思想觉悟、道德水准、文明素养，提高全社会文明程度。广泛开展理想信念教育，深化中国特色社会主义和中国梦宣传教育，弘扬民族精神和时代精神，加强爱国主义、集体主义、社会主义教育，引导人们树立正确的历史观、民族观、国家观、文化观。深入实施公民道德建设工程，推进社会公德、职业道德、家庭美德、个人品德建设，激励人们向上向善、孝老爱亲，忠于祖国、忠于人民。"这是我们构建当代礼仪文化的指南。我们应遵循"取其精华，去其糟粕"的原则，将传统礼仪文化的精髓融入现代文化的体系，以社会主义核心价值观的构建为契机，促使礼仪意识变为礼仪行为。

二、礼仪的内涵与特征

礼仪无处不在，渗透于工作、生活的方方面面，不仅有时代的烙印，而且还会呈现出一些行业的特点与要求，但其基本的内涵始终是较稳定的。

（一）礼仪的内涵

在古代，礼仪指的是为敬神而举行的各种仪式。如《诗经·小雅·楚茨》中"献醻交错，礼仪卒度"，讲的是古代在酒宴中主宾敬酒交互错杂，礼仪合乎法度。《周礼·春官·肆师》中"凡国之大事，治其礼仪，以佐宗伯"，意思是凡是涉及国家的事务，都应讲究合乎礼仪，用礼仪来辅助宗伯。这时对礼仪的基本定义是"致福曰礼，成义曰仪"，由此可知，当时的礼仪是为维护封建统治阶级而制定的基本制度和行为规范。

在现代，通常所说的礼仪是一种待人接物的行为规范，是一种交往的艺术表现。它是人们受历史传统、风俗习惯、宗教信仰、时代潮流等因素影响而在长期社会交往中形成的。礼仪既为人们所认同，又为人们所共同遵守，是在建立和谐关系的基础上各种符合客观要求的行为准则和规范的总和。但无论是古代还是现代，礼仪的内涵都具体表现在礼貌、礼节、仪表、仪式等方面。

礼貌，是指人们在彼此交往过程中表示尊敬、重视和友好的言谈举止。比如，我们经常会用"这个孩子真有礼貌"来表扬一个孩子主动与客人打招呼的举动。礼貌是以尊重他人、不侵害他人利益为前提的，是表达人与人之间和谐相处的意念和行为，如尊老爱幼、尊师重教、乐于助人、热情好客等。

礼节，是指人们在日常交际活动中，相互表示尊重、祝愿、问候、致意、慰问等待人接物方面的形式，如拜会、握手、馈赠、吊唁等。

仪表，是指人的外表、穿着，它主要指美的外在形象，引申为人的精神状态，如容貌、服饰、表情、姿态、风度等。

仪式，是指在一定场合举行的具有专门程序和形式的社会活动，如升旗仪式、奠基仪式、开学典礼、毕业典礼、剪彩仪式等。

所以，现代礼仪是人们在社会交往活动中，为了相互尊重，在仪容、仪表、仪态、仪式、言谈举止等方面约定俗成、共同认可的行为规范。"礼"是内在的，是人们对自己、对他人表示尊重和敬意的态度；而"仪"是外在的，是人们通过一定的动作、形式等表现出来的"礼"。"礼"是一种观念、一种意识、一种态度,而"仪"是外在的表现形式。"礼"字解决了,"仪"字迎刃而解;"礼"字不解决,即使懂得一些形式上的东西,也难以将其落实在行动上而形成习惯。"态度决定一切""心有敬而形于外"就是这个道理。

(二) 礼仪的特征

同一历史时期,不同国家、民族、地域会有不同的礼仪规范,所谓"百里不同风,千里不同俗"。不同的历史时期,礼仪更会打下那个时代的烙印。礼仪的内容虽然存在差异,但其基本特征是一致的,主要表现为以下四个方面:

1. 继承性

礼仪,是一种文化修养,是人类在长期的共同生活和交往中,为维持正常生活秩序而逐渐演变或约定俗成的。在这个过程中,传统礼仪中那些烦琐、保守、与社会发展不适应的内容被不断摒弃,只有那些体现了人类精神文明和社会进步的精髓才得以世代传承。比如生活中我们常说"礼尚往来""来而不往非礼也",说话要谦恭、和气、文雅,仪态要大方、恭敬、从容,仪表要端庄、得体、简洁,对待他人要知晓爱亲、敬长、尊师、亲友之道,等等。古往今来,这些优良传统在古代适用,在当今社会也同样适用,并已成为人们生活中的一种习惯和规范。所以,无论世事如何变迁,一些好的思想观念、礼仪传统总会代代相传,被延续继承。

2. 差异性

礼仪,作为一种共同遵守的行为规范,在实际应用中还会受到时间、地域、环境及各种因素的制约,具有很大的灵活性。任何国家、民族、地区都有其礼仪的特色,这是按照地域和群体来划分的,也是礼仪的一个十分重要的特点。一方面它表现在某个地域中或某类群体中具有共同的礼仪习俗;另一方面又说明地域与地域之间、群体与群体之间的礼仪习俗有不同的地方。各自不同的文化背景和历史原因等多方面因素造成了这种不同,也由此产生了多姿多彩的礼仪文化。比如,西方人在见面礼仪中讲究拥抱,提倡"女士优先";但东方人大多将握手作为见面的礼节。有的地方把抚摸小孩的头当作亲切的表示,而有的地方却认为这是极无礼的行为。在庆典活动中,有的民族喜欢跳舞,有的民族喜欢唱歌,有的民族喜欢泼水。所以,每到一个新的地方,最好先了解一下当地的礼仪习俗,以便入乡随俗,这样更能体现对交往对象的尊重。

同一种礼仪,对不同年龄、不同性别、不同职业的人也会有不同的呈现方式。例如,同样是打招呼,男性之间与女性之间的问候方式会不同,老朋友之间与新朋友之间的问候方式也不同。再如，同样的话语，站在不同角度表述也会不同，对年轻人来说可能没有什么，可是对中老年人来说就可能会伤害他；对同性来说很正常，对异性来说可能就失礼了。正因为礼仪存在如此大的差异性，所以要求我们在不同的时间、场合都运用相应的礼仪来展现自己的风采，而不是生搬硬套、千篇一律，把礼仪变成一种死板的教条，那样反而会失礼了。

3. 针对性

人际交往讲究公平公正、一视同仁，但更讲究对等原则，即"投之以桃，报之以李""礼尚往来"，所以礼仪礼节具有很强的针对性。如公务接待时，应当派出与对方身份、职位基本相同的人员进行接待，迎送人员数量要适宜，不可过多或过少，基本上与对方对口、对等。一个单位的处长出访另一个单位时，被访单位也应由处长出面接待，至少要安排会见。

4. 规范性

礼仪是人们在交际场合待人接物时所必须遵守的行为规范。"必须遵守"，就是不能依据个人的意愿随意改变。它已经成为人们彼此交往的"通用语言"，成为衡量他人和判断自己是否自律敬人的标尺。如果人们能自觉地遵照并维护这一准则，那么便是符合礼仪要求。如果总是自作主张、一意孤行，或者一味按照自己的喜恶行事，那么就会给他人造成许多困扰。例如，别人握手时伸出右手，而你偏伸出左手；在宴席上，别人都在小口品酒，而你却大口干杯；开会时别人都把手机调至静音或震动模式，你的手机铃声却不时响起……这种偏离常规的做法，轻则造成沟通的障碍，使别人不清楚你要表达的意思；重则令人觉得你对他人失敬。所以礼仪一旦约定后必须俗成，具有强制性和规范性。

三、礼仪的原则与功能

礼仪是约定俗成的行为规范。既然是规范，当然有一定标准和尺度来衡量其是否规范。礼仪的规范很多，可以说是包罗万象，因为它涉及生活和工作的方方面面。但只要掌握了一些基本原则，复杂的问题也就简单化了。

（一）礼仪的原则

讲礼仪，应遵循以下四条原则：

1. 尊重原则

礼仪的核心是尊重，诚如孟子所言："尊敬之心，礼也。"所以，礼仪的实质只有一个字——"敬"。"敬"字包含两层含义：一是"尊敬"，即尊敬长辈、尊敬师长、尊敬交往对象、尊敬所有人，尊敬他人就是尊敬自己；二是"敬畏"，即敬畏制度、敬畏法律、敬畏生命。敬畏制度，你上班就不会迟到，因为你知道，这是最基本的劳动纪律；敬畏法律，你就不会做违法乱纪的事情，绝不触碰法律底线；敬畏生命，你就不会"酒驾"，就不会做危及他人生命的事情。一个人如果有了"尊敬"之心、"敬畏"之意，就一定会是一个有道德有修养、懂得爱己爱人的人。

尊重原则要求人们在人际交往中与交往对象相互尊敬、相互谦让、和睦相处。"尊重"二字，在实际生活中体现为：尊重上级，是一个人的天职；尊重下属，是一个人的美德；尊重客户，是一个人的风度；尊重所有的人，是一个人的教养。人际交往中，不管年龄大小、职务高低，都应当受到尊重。对待他人要有敬重的态度，不可失敬于人，不可伤害他人的尊严，更不可侮辱他人的人格。特别是对待自己的下属和晚辈，有时他们做错了事，虽然可以严厉批评，但切不可表现出任何的不屑和鄙视，否则你也不可能得到他们的尊重。如果遇到对方有意伤害自己尊严，要坚决维护。所以，人与人之间相互尊重，是人际关系中讲究礼仪的基本出发点。尊重原则也就成了礼仪的核心原则。

2. 遵守原则

礼仪是社会生活的行为准则，它反映了人们的共同意识。世界上各民族、各阶层、各党派、各国家，都应当自觉维护、共同遵守礼仪。尤其在公共场所，更要遵守礼仪规范，否则将受到公众的批评和指责。例如，在马路上，要遵守行人走人行道，骑自行车走右侧自行车道，遇红灯要止步、见绿灯才通行等规则。在日常交往中，尤其是拜访他人或求人办事之时，要遵时守约、诚恳待人。

3. 适度原则

俗话说"礼多人不怪"，但在实际生活中，礼多了人也怪。热情过度、礼节繁多，会显得太过迂腐，反而让人反感、厌恶。例如，招待宾客时，周到地为客人端茶添水，请人就座，这都在情理之中；但如果宾客第一次来访，用餐之后起身告辞，主人却硬要留人夜宿，反而会显得太过热情，让人为难，甚至会引起对方的反感。因此，人际交往中言行举止既要合乎规范，又要得体适度。俄国短篇小说家契诃夫《小公务员之死》中的主人公"小公务员"，就是礼仪不适度的典型案例。

4. 自律原则

个人是礼仪行为的实施者，应当首先"从自我做起"，要人前人后一个样，要一视同仁，才能创造出自然和谐的相处氛围。礼仪规范不是用来约束别人的，而是用来修正自己的言行，不断完善自我的行为准则。如果一味地苛求别人而放纵自己，只会变成"孤家寡人"。因此，在学习、应用礼仪过程中，最重要的是要自我要求、自我约束、自我检视、从我做起。要加强自身修养，完善个人人格。古人常将"慎独"二字写成书法作品挂在书房作为一种修身养性的方法，就是时时提醒自己独处时也要"谨小慎微"。其实，不断地自律就逐渐形成了习惯，所谓"习惯成自然"就是这个道理。养成良好的习惯，既可消除自我约束的感觉，也可使自律成为自觉。

（二）礼仪的功能

礼仪是人类精神和物质文明成果的精髓，内容丰富，应用广泛，无论是对社会的和谐进步，还是对经济的发展，都有极大的促进作用，具体体现在以下几个方面。

1. 教育作用

礼仪以一种道德习俗的方式对社会中的每一个成员发挥维护社会正常秩序的教育作用。人们通过礼仪的学习和应用，建立新型的人际关系，从而在交往中严于律己、宽以待人，互尊互敬、互谦互让，讲文明、懂礼貌，和睦相处，形成良好的社会风尚。陶行知校长用四块糖果教育学生要守时，要勇于承认自己的错误，要懂得尊重他人的故事就是在用礼仪教育人、塑造人。

2. 美化作用

礼仪之美在于它帮助人们美化自身、美化生活，从而美化整个社会。个人形象，包括仪容、仪表、仪态、谈吐、教养等，在礼仪方面都有各自详尽的规范，因此学习和运用礼仪，有益于人们更好地、更规范地设计和维护自身形象，充分展示个人的良好教养与优雅风度。如面带微笑、有礼貌地跟人打招呼，不小心碰撞他人时说声"对不起"，大庭广众之下轻声细语，这些都能展现自己美的形象。作为社会成员的每个人变美了，整个社会也就变美了。

3. 协调作用

礼仪作为人们在社会生活中逐渐形成的行为规范和准则，它约束着人们的态度和动机，规范着人们的行为方式，维护着社会的正常秩序，协调着人与人之间的关系，在社会交往中发挥着巨大的作用。比如，上班前向父母打个招呼，见到同事热情问好，这些看似细小的礼节礼貌，会像一条美丽的纽带，把自己同对方紧密地联系起来，协调与他们之间的关系，从而获得周围人的认可与赞美，营造良好的人际交往氛围，让生活环境更加舒心、更加和睦。

4. 沟通作用

自觉遵循礼仪规范，能使交往双方的感情得到良好的沟通，在向对方表示尊重、敬意的过程中，获得对方的理解和尊重。例如，在社交场合司空见惯的握手礼，是古时人们为了表示友好，扔掉手上的工具，摊开手掌，双方击掌，示意手中没有任何武器，不会攻击对方。后来逐渐演变成双方握住右手，相互寒暄致意的见面礼节。这样的无声语言，起到了互致友好、沟通情感的作用。

习近平总书记在党的十九大报告中指出："社会主义核心价值观是当代中国精神的集中体现，凝结着全体人民共同的价值追求。要以培养担当民族复兴大任的时代新人为着眼点，强化教育引导、实践养成、制度保障，发挥社会主义核心价值观对国民教育、精神文明创建、精神文化产品创作生产传播的引领作用，把社会主义核心价值观融入社会发展各方面，转化为人们的情感认同和行为习惯。坚持全民行动、干部带头，从家庭做起，从娃娃抓起。深入挖掘中华优秀传统文化蕴含的思想观念、人文精神、道德规范，结合时代要求继承创新，让中华文化展现出永久魅力和时代风采。"文明礼貌、助人为乐、爱护公物、保护环境、遵纪守法是中华优秀传统文化蕴含的思想观念、人文精神、道德规范。礼仪修养既属于道德规范体系中的社会公德，是社会主义精神文明的内容；也符合千百年来优良传统的习惯，是适应最大多数人需要的道德伦理规范。因此，礼仪是和谐社会的基本要求，是人们希望有安定和平生活环境、有正常社会秩序的共同要求，更是和谐社会中全体公民为维系社会的正常生活而共同遵循的最基本的公共生活准则，是不可或缺的行为规范。

第二节　生活礼仪概述

案例导入

一天，王女士下班回家，刚下了公交车，准备过马路，看见人行横道对面指示行人通行的交通信号灯是红色，于是站在路边等待。这时有几个行人看见路上的车比较少，就快速地穿过去了。有个女士带着她的儿子，小孩大约5岁的样子。小孩看见别的大人通过了，于是扯着妈妈要过马路。这时妈妈说："宝贝，你看，对面显示的是红灯，而行车的道路上是绿灯，这个时候是允许车通行的，人是不可以走的！""可是，妈妈，刚才好几个人都过了，现在也没有车啊。""那也不可以，车行驶时速度是很快的，一会儿要是有辆车开过来，躲避不及的话，我们是很容易出危险的！一定要按照交通信号灯来行走，要保护自己的安全，明白吗？"小孩看看周围也还有一起等待的人便安静了下来，一直等到行人指示灯变成绿色，才随着人流快速地通过了人行横道。

这虽然是生活中常见的小事，但也透露出文明通行、讲礼仪、讲道德不仅仅是个人素质的体现，有时候甚至可以保护我们的生命安全。新闻报道中行人或驾驶员由于不遵守交通规则而发生惨剧的案例实在是数不胜数。生活中做到处处讲礼仪会让我们的生活更加安全、更加美好。

一、生活礼仪的内涵

在现代生活中，生活礼仪包罗万象。它出现在我们日常生活中的方方面面，约束我们的行为，美化我们的生活环境。它可以反映一个人的内在素质和修养。因此，对于生活中的礼仪，我们需要有广泛的了解和认知。

（一）生活礼仪的定义

生活礼仪是指人们在日常生活中个人文明行为的道德标准，用以展现自身的礼仪修养、塑造个人形象与人格、更好地与他人相处和沟通的规范。

（二）生活礼仪的内涵

对个人而言，礼仪是生活的根基，是文明行为的标准。对国家而言，个人的文明礼仪是构成整个社会精神文明的基本要素，是一个国家文化与传统的象征。从古至今，历代君主、诸位圣贤均把礼仪作为治理国家的准绳，认为一切应以礼为治、以礼为教。《管子》中的"礼义廉耻，国之四维"，更为直接地将礼列为立国四精神要素之首，可见礼仪所起到的突出的社会作用。尊礼守礼可以形成一种较强的约束力，使每个人都能自觉地按照社会文明的要求调整自身行为，唾弃陋习，最终将自己的言行纳入符合时代之礼的轨道上来，以顺应社会发展的潮流。

在日常生活中，我们接触了某个人之后，经常会给其一些评语：这个人素质很高、这个人很有教养、这个人很有礼貌、这个人很谦逊、这个人真差劲、这个人不爱收拾、这个人怎么衣服皱皱巴巴的，等等。

其实从心理学上讲，如果一个人素质高、有教养、讲文明、讲礼貌，他被众人接纳的程度就会高，就有利于在社会中建立和谐的人际关系。反之，则不受人欢迎，难登大雅之堂。

二、生活礼仪的原则

（一）真诚尊重的原则

真诚是一种对人对事实事求是的态度，是待人真心真意的友善表现。尊重和真诚首先表现在不对人撒谎、不虚伪、不骗人、不侮辱人。正所谓"骗人一次，终身无友"。其次表现在对他人的客观正确认识，相信他人，尊重他人。正所谓"心底无私天地宽"，真诚的奉献，才有丰硕的收获；只有真心地尊重，才能彼此间心心相印，友谊地久天长。

（二）平等适度的原则

平等在交往中表现为不要骄狂，不要我行我素，不要自以为是，不要厚此薄彼，不要傲视一切、目中无人，更不能以貌取人，或以职业、地位、权势压人，而是应该谦逊平等地待人，唯如此，才能在生活中更好地结交朋友。平等适度的原则就是在交往中掌握好分寸，根据具体情况、具体情形用相应的礼仪。如在与人交往时，既要彬彬有礼，又不能低三下四；既要热情大方，又不能轻浮诡诮；要自尊不要自负，要坦诚但不能粗暴，要信人但不能轻信，要活泼但不能轻浮。

（三）自信自律的原则

自信是社交中一种很可贵的心理素质。自信的人，才能在社交中游刃有余，遇到强者不自惭，遇到磨难不气馁，遇到侮辱敢于挺身反击，遇到弱者会伸出援助之手。

（四）信用宽容的原则

信用即讲信誉的原则，孔子说："民无信不立"，"与朋友交，言而有信"。在社交场合，一是要守时。与人约定时间的约会、会见、会谈、会议等，不应拖延迟到。二是要守约。与人签订的协议、约定和口头答应的事，要说到做到，即所谓"言必信，行必果"。故在社交场合，如没有十分的把握就不要轻易许诺他人，许诺了做不到，反落个不守信的恶名，从此会永远失信于人。宽容是一种较高的境界，容许别人有行动与见解的自由，对不同于自己和传统观点的见解有耐心公正的容忍。站在对方的立场考虑问题，是争取朋友最好的方法。

三、生活礼仪的功能

（一）美化个人形象

在日常生活的大部分时间里，人们总是以个体形象出现。这说明，人在大部分时间里，代表的是自己。比如在家庭生活中、在朋友之间、在同事之间，人们总是以自己最好的形象去与人交往，但有时候，在互相交往中，会出现一些障碍，因此礼仪之于个人形象是一个加分项。有的人天生丽质，往往容易给人良好的第一印象。但在与人进行更进一步的交往时，个人的谈吐、行为举止、待人接物的方式方法会给人更深层次的印象。个人形象可以表达出对他人的态度、对自身价值的重视程度、个人的修养和素质、个人的家庭教养和生活环境、个人的生活品味。

我们常常形容一个人有气质，那么气质从何而来？气质是人们在日常生活中养成的。在日常生活中要学会首先注重自己的仪容、仪表、仪态。

礼仪的内涵中有一个非常重要的词就是"尊重"。实际上在敬人的同时，也应该尊重自己。尊重自己就是要注重自己的形象，给人留下好的印象。干净、整洁的仪容仪表可以让与之交往的人觉得赏心悦目，对方感受到被尊重之外，也会让自己觉得精神状态良好，增强自信心。端庄的仪态、文明有礼的行为举止可让对方对自己有更加全面的认识，增加对方的信任感，从而让两者之间的关系进一步加深。可见，礼仪是人际关系的基础。礼仪是社会交往的润滑剂和黏合剂，会使不同群体之间相互敬重、相互理解、求同存异、和谐相处。

（二）提升个人修养

修养是一种气质，是一个人的内涵由内而外的体现。气质，是心理学范畴的概念，是人的心理活动中典型的、稳定的个体动力特征。它不是短时间能提高的，需要长年累月的积累。修，可以理解为修炼内心；养，就是培养自己多方面的能力。良好的个人修养会表现为外在的行为。所谓"腹有诗书气自华"就是这个道理。

提升自己的个人修养，需要平时多了解礼仪的相关知识，并能够在日常生活中加以运用。能明辨是非，懂得常识，树立正确的道德标准。最为重要的是需要有提高个人修养的强烈意识。古人强调"吾日三省吾身"，说明要提升自己需要不断地反省自己的行为，总结优缺点。通过书籍、网络等广泛地阅读和学习，使自己博闻强识。另外，还需要加强文化艺术方面的修养。文化艺术修养可以丰富自身礼仪修养的内涵，提升礼仪品味。一般来说，讲文明、懂礼貌、有教养的人大多是有文化的人。因为只有不断地学习，才能使自己的礼仪修养提升高度。

礼仪修养关键在于实践。既要修炼，又要培养。离开实践，修养就成为无源之水、无本之木。在培养礼仪修养时，要以主动积极的态度，坚持理论联系实际，将自己学到的礼貌礼节知识积极地应用于社会生活实践的各个方面。时时处处自觉地从大处着眼、小处着手，以礼仪的准则来规范自己的言谈举止，如不随地吐痰，不乱扔纸屑，候车排队时遵守公共秩序、依次而行等。这样持之以恒，就会逐渐增强文明意识、培养礼貌行为、涤荡粗俗不雅的不良习惯，成为一个有礼仪修养的人。

（三）使家庭生活美满和睦

人的社会化起始于家庭，人的文明礼貌的养成也必然从家庭开始。家庭是社会的细胞，为人们提供社会生活的最基本环境。如果家庭的存在和发展是健康的、稳定的，对社会生活和经济发展就能起到促进和稳定作用。

每个家庭都要重视构建家庭礼仪文化，使家庭成员在礼仪文化的熏陶中，成为懂礼貌、有教养的人。

"不幸的家庭有各自的不幸，幸福的家庭却一样幸福。"这里所说的幸福是建立在礼仪的基础上的。"相敬如宾、白头偕老"阐明的就是夫妻间也要有礼节才能幸福一辈子的道理。古人云："父子和而家不败，兄弟和而家不分，乡党和而争讼息，夫妇和而家道兴。"可见"和"是关键。这个"和"用今天的话来解释，就是相互谦恭有礼的意思。家庭礼仪在现代社会生活中发挥着重要的作用。简单地说，家庭礼仪是维持家庭生存和实现幸福的基础，能调节家庭成员之间达成和谐的关系，也有助于社会的安定、国家的发展。

四、生活礼仪的作用

注重生活礼仪的运用可以使我们在提高自身修养和素质的同时，与他人建立良好的社会关系。

在工作中，对方会因为你的彬彬有礼对你印象深刻，在有合作机会的前提下首先想到你，让你的事业发展加快步伐。

在与朋友的相处中，朋友会因为你的淡定、从容增加对你的信任感。你与朋友的舒适、恬淡会让生活更加清新美好。

在与家人的相处中，家人会因为你的怡然自得，做到母慈子孝、兄友弟恭、夫妻和睦，家和万事兴。

所以，礼仪是一缕春风，可以化解社会关系中的诸多矛盾，让我们的生活更加自然舒适。

延伸阅读

袁涤非. 现代礼仪［M］. 北京：高等教育出版社，2014.

视频链接

袁涤非公开课，《现代礼仪》第四讲："生活礼仪"。https://v.qq.com/x/page/m0184t16jgb.html。

第二章

礼节礼仪

中国社会发展到今天，有很多可以承载的优良传统。"仪礼"就是其中之一。"礼"是中华传统文化的核心要素，是一种寓教于美的文明教化方式，是中华民族特有的人文传统。礼仪文化强调秩序与和谐。"礼"的内涵，讲的是恰如其分，而不是一味恭敬。作为文明的传承者，我们需要在尊重文明传统的基础上，为传统礼仪注入新的时代内涵。

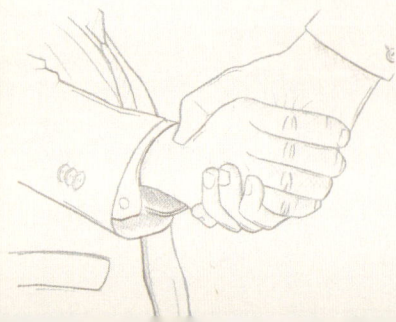

第一节　中国仪式礼仪

🗨 案例导入

　　中国是礼仪之邦。礼仪经过几千年的延续，已经渗入我们的衣食住行、生活的方方面面，某些礼仪演化成行为准则、道德规范，更有一些甚至上升到法律高度。在国家层面，古有泰山封禅、登坛拜将、登基大典，如今也有沙场点兵、检阅仪仗等；在平常人的生活中，自古就有祭拜天地、拱手作揖、长亭送客等礼节。当看到这些的时候，懵懂的孩子会问："这是什么？"我们往往会脱口而出："这是一种仪式。"没错，礼仪最直观的体现之一，就是仪式。

一、出生礼

　　中国从古至今都十分重视生命的诞生。诞生礼仪作为人生礼仪的重要组成部分，历史久远。随着时代的变迁，许多诞生礼仪或消失或演变。然而，有一些最具代表性的传统诞生礼仪保留了下来，供我们后人学习与继承。

　　我国诞生礼的来源说法不一：有的认为诞生礼源于唐玄宗时期；有的认为在先秦时期就已形成产后三日举行礼仪的定式；还有一种说法，认为礼仪源于北方游牧民族，在魏晋南北朝时期传入中原。诞生礼，又称"三朝""洗三""洗儿"。

　　诞生礼，即报生礼，就是在婴儿出生后，父亲及家人以不同的方式到婴儿外公外婆家、亲朋好友家报告喜讯的礼节。

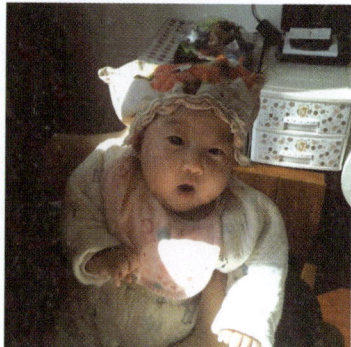

我国地域辽阔，民族众多，各地流传的报生礼也不尽相同。

婴儿诞生后，首先要去外婆家报喜，俗称"送喜果"。这是我国古代普遍流行的一种习俗，今天大部分地区仍保留着这种习俗。由新生儿父亲去报喜的，常会携带花生及染成红色的鸡蛋（俗称"红蛋"或"喜蛋"）等礼物，但以红蛋为主。红蛋的数目，生男为单，生女为双，有的地方生女不送红喜蛋。外婆家接到礼物后，会准备喜蛋、衣物等送还。接到外婆家所送的喜蛋后，要按照男单女双的数目分送亲友。现代社会生活中的"发喜糖""发红蛋"的习俗，就是这种"送喜果"习俗的沿袭。

婴儿出生三日后，要举行诞生礼（俗称洗三）。据记载，洗三在唐代即已出现，宋代开始流行。这是婴儿出生三日后举行的洗浴仪式。各地做法不尽相同，但基本过程大同小异。用艾叶熬水，给新生儿洗澡。前来祝贺的亲友拿金银、喜果之类的东西，往洗澡盆里放，叫作"添盆"。给新生儿洗澡的一般是奶奶或外婆，她们根据亲友所投物品不同，口念不同的吉祥话。如，若放枣、栗子，就说"早立子儿"；若放莲子，就说"连生贵子"；等等。洗完后，有的还用洗净的长葱在孩子身上轻轻地拍打三下，取聪（葱）明伶俐之意；取喜蛋（注意喜蛋要温热，不能温度太高或太低），在婴儿额角摩擦，以避生疮；用金银饰擦之，以免婴儿受惊吓。洗三时，亲朋好友纷纷以红包作为贺礼，主人则以宴请等款待。现代的宴请最好在家以外的地方进行，这时注意不要让新生儿在太吵闹的环境中待太久，以免影响孩子的正常休息或使其受到惊吓。受邀请的亲友在新生儿家中不要待太久，也不要大声讲话，以免影响新生儿及产妇休息。

新生儿洗完后，还有一项重要仪式：落脐灸囟。就是去掉新生儿的脐带残余（注意不要在没有自然脱落时强行剥落脐带痂），并在肚脐上涂抹烧过的明矾沫，然后用医用药棉包扎好以防感染。这表示新生儿就此脱离了孕期，正式进入婴儿期。

二、满月礼

从新生儿呱呱坠地的那一刻起，一个新的生命开始了。我国古代从皇家到民间对婴孩出生都十分重视。从婴儿降生起的一个月（30天）为小满，到两个月（60天）为大满。"小满"30天对婴儿的未来起着很大的作用。从古代延续至今，各地各民族都有"满月"之说，这一说法延续了千年。因为在封建社会，物质条件缺乏，医疗水平不高，新生儿在这一期间夭折率要远高于其他阶段，故而婴儿的家族为了祈祷新生儿健康长寿在孩子满月时举行很隆重的礼仪——满月礼。随着婴儿的满月，很多禁忌也随之解除，家族用举行仪式的形式宣布孩子正式成为家庭成员。

我国古时小儿在满月时，家人会在盆中烧上香汤，亲友前来时，会将钱撒在汤中，俗称"添盆"。这是一种独具特色的馈赠仪式。古时皇家产下皇子时，帝王会大赦天下为新生儿积福，普天同庆。

"做满月"要办两件事：一是"剃满月头"，二是"办满月酒"。"剃满月头"即剃除胎发。有把理发师请到家里剃的，也有到理发店去剃的。剃完胎发后，不仅要用红纸包上加倍或数倍的理发工钱给理发师傅，还要给理发师傅送上红蛋等礼品。婴儿的长辈将胎发搓成小辫子，用红绸布包起来。"剃满月头"还有个习俗，就是不能将婴儿的头发全部剃光，而要在头顶前部中央留一小块"聪明发"，在后脑留一绺"撑根发"，其意是祝愿小孩聪明伶俐，祈盼小孩扎根长寿。

胎毛可避邪开运，具有永久不腐坏的特性，是制笔的最佳毛料，可珍藏。胎毛之所以珍贵，是因为每个婴儿的发量、发质与发长皆不相同。一般选择在婴儿出生第24天（代表24孝）或满月（代表圆满）当天为其剃理胎毛，同时为其制作独一无二的胎毛笔，为其典藏，期许其将来事业有成。0~3个月的婴儿长得很快，胎毛是妈妈娘胎里带出来的血胎，是吸收婴儿营养的，留着对婴儿生长也有意义。满月后，胎毛容易发黄、发枯，而且渐渐会有脱落的现象。建议早点给婴儿理发。剃过头后，多晒晒太阳，有利于囟门闭合，有利于钙铁锌的吸收，对头皮生发、脑部发育也好。

胎毛笔   胎毛挂件

（一）仪式前的准备

在婴儿即将满月时，婴儿的家人就开始着手准备满月礼事宜。

首先确定办满月礼仪式的时间。以婴儿出生后 30 天为宜，有的地方会以 60 天为准来办满月仪式，以产妇身体恢复情况及婴儿身体情况来定。

其次确定地点。最好选择交通方便、大家较为熟悉、有停车位的酒店并定好菜式。

接着确定邀请来宾人数。如果是有家室的客人，人数就要多算 1~2人。

如果被邀请者是长辈，要由主家的长者、地位最尊者亲自邀请，并递上请柬以示尊重；如果是平辈，要由主家的地位较尊者携带请柬去邀请；如果是邀请好友和同事，则要遵循谁的好友和同事谁邀请的原则。

（二）仪式中的主家

主家人员要着装整洁，着喜庆的服饰出席。主家人员要提前到达酒店进行事前准备及在酒店门口迎接客人的到来。一般情况下，由主家地位最尊的长者讲话并对来宾致谢。婴儿的父亲要逐桌向来宾敬酒答谢，做到尊敬每一个客人，不要让客人觉得被怠慢。在此期间，婴儿的母亲由于身体

缘故不宜长久站立，要抱着婴儿礼貌地向来宾致谢；由于婴儿太小不宜在喧闹的环境中待太久，婴儿母亲致谢完毕后应带着婴儿到安静的环境中休息。酒席散时主家要在酒店门口致谢并礼貌地送别客人，还要向宾客分送"红蛋""红长生果"（染红的花生）。满月酒当天或第二天，家里还要向街坊邻里分送"红蛋""红长生果""长寿面"，让众人分享喜悦。

（三）参加仪式的来宾

着装要整洁、较为隆重，不宜着太随意休闲的服装；女宾要着装整洁大方并略施淡妆，不宜穿着过于华丽，避免炫耀之嫌。

来宾向主家道贺时要注意用词，以祝贺婴儿健康成长、赞扬婴儿美好的面容及对婴儿远大前程的贺词为主。鲁迅先生曾经讲过，有婴儿出生，如果客人说"这孩子将来长命百岁"，主人家一定会欢天喜地；如果客人说"这孩子将来会死"，则肯定会被暴打出门，尽管他说的是千真万确的真理。

来宾讲话声不宜过大，以免影响其他人。

来宾在席间要注意餐桌礼仪。

来宾如果带了小朋友出席，要给孩子洗漱干净、穿戴整齐，管理好孩子不要让其在席间吵闹、嬉戏。

仪式结束后要有礼貌地向主家致谢告辞。

（四）重要的游走仪式

满月游走，也叫满月逛街，是一种为婴儿祈求吉祥的活动，一般是由外婆或舅舅抱去礼节性地小住，或者由婴儿的母亲抱着到别人的房间去，四处游走，谓之移窠或挪窝。

（五）百日礼

中国人在婴儿出生第100天举行的仪式，又称"百岁"。"百岁"庆贺的习俗从古代延续至今，庆贺的内容和形式多有变化或保留，就是在婴儿出生第100天摆百日酒、拍百日照、穿百家衣、戴长命锁，有圆满、完全等意义。

1. 百家衣

幼儿百日，民间风俗给其穿百家衣。父母期望孩子健康成长，认为这需要托大家的福，托大家的福就要吃百家饭、穿百家衣。所谓百家衣，是指亲朋好友敛百家之布头拼缝而成的小孩子衣服。敛布之时，邻家皆乐助百家衣之成。

2. 长命锁

长命锁是挂在儿童脖子上的一种装饰物。民间认为，只要佩挂上这种饰物，就能避灾去邪，"锁"住生命。百家锁也是一种集百家之金银打制而成，或由多个人家合送的象征物。锁上多有"长命百岁""长命富贵"等祝福吉祥的文字或图案，所以，也叫长命锁。

3. 百日宴

百日宴是婴儿出生 100 天举行的庆祝仪式，是为了祝福婴儿茁壮成长、长命百岁。百日宴在民间与满月礼一样被家人重视。家人会为婴儿举办百日宴，宴请亲朋好友前来为婴儿祝贺，一般长辈会为婴儿准备长命锁，寓意为婴儿锁住一生的健康和幸福。

三、周岁礼

我国从古至今父母都非常重视孩子的周岁庆祝仪式。其中，抓周是最重要的庆祝仪式。抓周，又称拭儿、试晬、拈周、试周。这种习俗在民间流传已久，它是小孩周岁时举行的一种预测前途和性情的仪式，是第一个生日纪念日的庆祝方式。它与报生礼、三朝礼、满月礼、百日礼等一样，同属于传统的诞生礼仪。

周岁礼中最流行的仪式是抓周。人们认为，如果婴儿抓弓矢，则长大后习武为将；如果抓纸笔，则长大后习文为儒；如果抓珍宝服玩，则长大后贪婪爱财或玩物丧志；女婴如果抓刀尺针缕，则长大后为贤妻良母。

抓周在南朝时即已流行于江南。根据流传的《三国外传》，将抓周的起源时间前推至三国时代。相传，三国时吴主孙权称帝不久，太子孙登得病而亡，孙权只能在其他儿子中选太子。有个叫景养的西湖布衣求见孙权，进言立嗣传位事关千秋万代的大业，不仅要看皇子是否贤德，而且要看皇孙的天赋，并称他有试别皇孙贤愚的办法。孙权遂命景养择一吉日。是日诸皇子各自将儿子抱进宫来，只见景养端出一个满置珠贝、象牙、犀角等物的盘子，让小皇孙们任意抓取。众小儿或抓翡翠，或取犀角。唯有孙和之子孙皓，一手抓过

简册，一手抓过绶带。孙权大喜，遂册立孙和为太子。然而，其他皇子不服，各自交结大臣，明争暗斗，迫使孙权废黜孙和，另立孙亮为嗣。孙权死后，孙亮仅在位 7 年，便被政变推翻，改由孙休为帝。孙休死后，大臣们均希望推戴一名年纪稍长的皇子为帝，恰好选中年过 20 的孙皓。这时一些老臣回想起先前景养采用的选嗣方式，不由啧啧称奇。其后，许多人也用类似的方法来考校儿孙的未来，由此形成了江南的"试儿"习俗。

今天，不少地方当孩子满周岁时，仍有抓周习俗。现在它纯粹是一种取乐逗趣的游戏，以为孩子周岁欢乐助兴。而这也可说是我国古老民俗文化的一种遗风。

（一）抓周仪式

小宝宝在家人的精心呵护下满了一周岁，家人会为孩子精心准备周岁礼的仪式。一般人家会在宝宝周岁时邀请一些亲朋好友一起过生日，为宝宝庆祝。现代的仪式一般在酒店中举行，请酒店将仪式房间布置一下，有生日的气氛，让宝宝有耳目一新的感觉。

请酒店为主家准备一张大点的圆桌，桌上铺柔软的桌布。将宝宝抱置在圆桌中间，宝宝家人与宾客围在圆桌周围。在宝宝面前摆放一些具有寓意的物品，如书、笔、钱、尺子、图画、算盘、印章、谷物、乐器、刀（注意刀刃不要打开）、线团、化妆品等，以宝宝不受远近干扰距离为准，让宝宝在远一点的位置爬过去抓。可以把宝宝抓周这个具有纪念意义的整个过程，用相机或摄像机记录下来，这是很珍贵的影像资料。请让孩子自由选择，不要对其做任何引导和暗示。宝宝天真无邪，没有任何杂念，完全是依据其天性和兴趣进行选择。据说孩子抓到什么物品，就预示着孩子的兴趣爱好和将来要从事的职业。宝宝父母无须过多在意孩子最终抓到手的是什么东西，要更多地注重它的趣味性，享受抓周的快乐与喜悦。孩子能健康快乐地成长，便是父母最大的幸福了。家人还可以选择留住宝宝手足印，记录宝宝周岁手足大小，以作纪念。

1. 抓周物品准备注意事项

所选抓周物品大小不宜相差过多，不宜过大，以宝宝可以抓住为宜；

所选抓周物品中的某一样颜色不宜过于突出显眼，不要造成视觉上的干扰；所选抓周物品必须是宝宝第一次接触。

2. 来宾注意事宜

凡是参加抓周仪式的宾客都会给孩子送上祝福并赠送礼物。抓周所送的礼物多以宝宝衣服、鞋、帽、玩具等幼儿用品为主，其中鞋子是必不可少的，因为此时孩子已能蹒跚行走了，取义为脚踏实地、走四方。旧时以送虎头鞋为最多，因为民俗认为老虎为百兽之王，穿上虎头鞋可以避邪壮胆，富贵长寿，并且说："穿上虎头鞋，力大踢死虎。"来宾送礼物要注意以宝宝近期可用到为主，不宜送几年后才能用到的衣物，也许几年后这些衣物的材质及款式早已过时了。还要以实用性为主，不宜送玻璃物品，以防宝宝不慎打碎伤了自己；不宜送小圆球状物品（能入口大小），以防宝宝放入口中出现意外。

（二）十二周岁生日

中国传统认为，小孩满12岁即告别儿童时代，步入少年时期。从生理上讲，男女的身体分别按照性别出现变化，开始逐渐出现第二性征。现在大家都很在意本命年，十二个月是一年，而年又分十二属相，属相一轮是十二年。给小孩过12岁生日要以孩子的意愿为主，让孩子可以按照自己的意愿来庆贺，父母可以协助孩子来完成这一人生第一个本命年的庆祝仪式。

（三）本命年

我们中国人每人都有一个属相，也就是生肖。本命年是与生肖有直接关系的，因为生肖（属相）有12个，本命年就是一个人出生以后以12年为一单位循环递进。12，24，36，48，60，72，84岁都一个人的本命年。

中国的十二生肖，又叫十二属相，是代表十二地支而用来记人的出生年的十二种动物。十二生肖的起源与动物崇拜有关，由十二种动物组成，用于纪年。十二生肖的顺序依次为子鼠、丑牛、寅虎、卯兔、辰龙、巳蛇、午马、未羊、申猴、酉鸡、戌狗、亥猪。

十二生肖的由来：据湖北云梦睡虎地和甘肃天水放马滩出土的秦简可知，早在先秦时期即有比较完整的生肖系统存在。最早记载与今相同的十

二生肖的文献是东汉王充的《论衡》。

生肖是悠久的民俗文化符号，古往今来留下了大量描绘生肖形象和象征意义的诗歌、春联、绘画、书画和民间工艺作品。除中国外，世界多国在春节期间发行生肖邮票，以此来表达对中国新年的祝福。我国古代南北朝就曾使用十二生肖纪年，而且出现了沈炯创作的《十二属诗》：

鼠迹生尘案，牛羊暮下来。
虎啸坐空谷，兔月向窗开。
龙阴远青翠，蛇柳近徘徊。
马兰方远摘，羊负始春栽。
猴栗羞芳果，鸡砧引清怀。
狗其怀屋外，猪蠡窗悠哉。

随着历史的发展，生肖逐渐融合到相生相克的民间信仰观念，表现在婚姻、人生、年运等。每一种生肖都有丰富的传说，并以此形成一种民间文化中的形象哲学，如婚配上的属相、庙会祈祷、本命年等。在现代，更多人把生肖作为春节的吉祥物，使其成为娱乐文化活动的象征。

"本命年"这一说法早在西汉就有了，起源于中国的十二生肖和"崇红"心理。在中国古代，人们习惯用甲乙丙丁、子丑寅卯等天干地支的组合来记住出生年份。为了便于记忆和推算，人们就采用以鼠、牛等十二种动物与十二地支相对应的方法，每年用其中的一种动物作为这一年的属相。而汉民族的本命年就是按照十二生肖循环往复推出来的，它与十二生肖紧密相连。

我国最早记录"本命"二字的书是《三国志·方伎传》。据书中记载：正元二月，弟弟管辰对管辂说："大将军待您情意深厚，您会得到富贵吗？"管辂长叹一声说："有可能。不过，上天虽然赋予我才智，却不给我寿命，恐怕我会在四十七八岁的时候死去，见不到女儿出嫁和儿子娶妻了。假如能够幸免，我愿意作洛阳令，使全城路不拾遗，警报不鸣。但现在恐怕只能到泰山去治理鬼，不得治理人了，有什么办法！"

管辰问是什么缘故，管辂回答："我本命在寅，加上在月食之夜出生。万物有一定的气数，并不隐讳，只是人们不知道罢了。我经常给别人相面，看出应当死去的人超过一百，没有不应验的。"后来，管辂当了少府丞。结果，到了第二年的二月，管辂就死了，死时只有四十八岁。管辂生于寅年，属虎，他认为自己的短命和这颇有关系。可见本命年在人们意识中的重要性。

人逢本命年还有拜祭"本命神"的风俗，以求延寿。本命年要从正月初一开始算起，直到除夕夜的二十四点结束。

本命年禁忌，在民间有着广泛的影响。在中国南北民俗中，都有在本命年挂红辟邪躲灾的传统。因此，人们每逢本命年就对红色特别钟爱。本命年的红色讲究应该是源于中国汉民族传统文化对于红色的崇拜。红色辟邪，红色吉祥，这种观念早在原始社会就已经存在，如汉族旧式婚礼中新婚的红嫁衣、红盖头、红蜡烛和新科的红榜等，不论何时何地，人们都要用红色来增添喜庆。汉民族把红色视为喜庆、成功、忠勇和正义的象征，尤其认为红色有驱邪护身的作用。因此在大年三十，人们便早早地穿上红色内衣，或系上红色腰带，有的随身佩戴的饰物也用红丝绳系挂，来迎接自己的本命年。人们认为这样才能趋吉避凶，消灾免祸。这些为本命年辟邪的红色什物就是常说的"本命红"。

平时我们谈话的时候经常听到有人说："今年是我的本命年。"在我国很多地区，人们十分重视自己的本命年。民间认为本命年为凶年，在本命年不能结婚，需要趋吉避凶，消灾免祸。一到本命年，不管大人小孩都由亲人买些自己属相的吉祥物，或系红腰带，穿红背心、红裤头儿、红袜子，戴足金饰品，以祈求平安吉祥，避免灾祸，逢凶化吉。

从本命年的产生，到本命年的"现代化"，其意义也在不断地发生着变化，但是，本命年的思想意识已经深深地植根于人们的头脑中，并在一定程度上影响着现代人的生活和思维方式。

四、开笔礼

开笔礼，是中国古代对少儿开始识字学习礼仪的仪式的称谓，是中国传统中对少儿开始识字习礼的一种启蒙教育形式。这种仪式是根据一些传统的习俗而来。

在古代，学童会在开笔礼当天（开学的第一天）一大早起床来到学堂，由启蒙老师讲授人生最基本、最简单的道理，并教读书、写字，然后参拜孔子像，才可以入学读书。这一仪式俗称"破蒙"。古时，开笔礼是极为隆重的典礼，对每个读书人来讲有着重大的意义。

开笔破蒙，身穿中国传统民族服装——汉服——为宜，通过向孔子像行礼、诵读《论语》、学写"人"字、朱砂开智、聆听师长寄语等，宣告正式成为一名学生。中国传统文化教育对于培养民族精神，净化风气，提高审美情趣，增强创新思维能力，促进社会和谐发展具有重要作用。

2016年11月，湖南长沙书堂山欧阳询纪念馆前，10多名4～6岁的凤亭学堂孩童身着簇新的汉服举行了隆重而有寓意的开笔礼仪式。开笔礼仪式如下。

1. 正衣冠

清晨，孩童们身着紫色汉服排好队，身着典雅旗袍礼服的老师专注地为孩童们依次正衣冠。所谓先正衣冠后明事理。衣冠是让我们追忆起先祖那些优秀品德的最直观的体现，也是让孩子们知书明理的第一步。

2. 朱砂开智

所谓朱砂开智就是用朱砂在刚刚入学的孩子的额头正中点上红痣，又称为"开天眼"。正完衣冠后，老师用朱砂为孩童们一一点上红痣，男童点的是圆痣，女童点的则是好看的梅花痣，寓意孩子们从此眼亮心明，会读书，读好书。

3. 击鼓明智

击鼓明智就是让刚刚入学的孩童们敲击大鼓，其目的在于让孩子们目明耳聪、茅塞顿开、创业建功。孩童们在老师的带领下排队依次击鼓。

4. 启蒙描红

启蒙描红是让孩子们在老师的指导下学写"天"字。之所以选择这个笔画简单而意义深远的汉字，是希望孩子们在人生的启蒙阶段学会做人，知道做人首先要堂堂正正地立身，要顶天立地。在人生的启蒙阶段学会做人是最为重要的。

5. 启蒙教育

孩童们在清扬的古琴伴奏下，看着亲手写出的"天"字，跟着老师诵读《论语》。孩童们读着圣人的语句，感受着圣贤的智慧，体会着圣贤的古风，启迪着人生的第一课。

6. 寄托祝福

家长们将写满祝福语的卡片送给自己的孩子。

7. 合影留念

在仪式最后，启蒙老师与孩童及家长们共同用一张充满美丽、喜悦、精彩的照片为开笔礼画上圆满的符号。孩童们从此开启了人生求知的旅程。

开笔礼上，启蒙老师能书会画、古文功底深厚，开笔礼整体气氛协调，人们统一穿汉服出场，表现出对中国古代传统文化的尊重。举办这个活动就是为学书法造势，希望通过朱砂开智这种新颖的仪式，引起孩童们学毛笔字的兴趣，将传统书法文化发扬光大。

五、成人礼

为青年男女举行这一仪式，是要提示他们：从此将由家庭中毫无责任的孺子转变为正式跨入社会的成年人，只有承担成人的责任、履践美好的德行，才能合格地扮演好各种社会角色。通过这种传统的仪式，表示一个人从心理到生理趋向成熟，可以独自承担起社会和家庭赋予的权利和义务，完成角色的转变，宣告长大成人。

冠礼就是"以成人之礼来要求人的礼仪"。华夏先祖对于冠礼非常重视，《礼记·冠义》曰："冠者，礼之始也。"中国古代曾经流行隆重的成人礼仪，这个传统从西周一直延续到明朝。男子满 20 岁时行冠礼，即加冠，表示其已成人，被族群承认，之后可以娶妻。女子则是在满 15 岁后行笄礼（笄：一种簪子，用来固定发髻），及笄之后可以嫁人。汉族成年礼延续数千年，至清军入关后，清朝统治者一纸令下，终结了绵延几千年的成人礼。现在这一民族文化传统已悄然回归。在现代，一般到年龄的孩子由长辈在家中举办一场传统而正式的成人礼，一些学校及团体也会统一举办成人礼。

（一）行礼年龄

《周礼》及古代习惯，都是 15 岁左右行笄礼，最迟 20 岁。考虑到时代发展、笄礼意义的调整，女孩子和男孩子一样要读书、完成学业，所以，这个时间定在高中毕业（18 岁）为宜。

（二）选定仪式日期

1. 定日期

日期定在成人者生日（公历农历皆可）或对其有重要意义的日子。但是春节、中秋，家人团聚的日子，不宜请人来参加；清明主祭祀，主题不相符。

2. 确定参礼人员

确定参礼人员并以请帖或各种通信方法邀请。对于正宾，宜由父母提前三日（最迟一日）登门邀请。参礼人员：

笄者；

主人——一般为笄者的双亲；

正宾——有德才的女性长辈；

有司 1 人——为笄者托盘的人；

赞者 1 人——协助正宾行礼，一般为笄者的好友、姊妹；

观礼者若干。

（三）准备及服装

1. 器物陈设

场地、服制、礼器、音乐等。建议在庄严肃穆、安静开阔、文化气息重的场地，如孔庙、学校等。

2. 仪式礼服

（1）采衣。即未行礼之前穿的童子服。根据冠礼的资料，样式是短褂裤，缁（黑）布为衣，朱红色的锦边，可以选择明丽一些的色彩。穿普通的布鞋。梳双鬟髻。

（2）初加。发笄和罗帕、素色的襦裙，似中衣。衣缘没有纹饰，腰带用普通的细布带。

（3）再加。发簪、曲裾深衣。

（4）三加。钗冠。正式的大袖长裙礼服，上衣下裳制。佩绶等饰物。

（5）衣服的摆放。按顺序分别叠好，衣领朝东，由北向南依次置于席上，席置于场地东侧；要加的发饰，由有司捧在盘里，立于场地西侧，面朝南，从东到西排开，依次是：发笄、发簪、钗笄。

说明：三次加笄的服饰，分别有不同的蕴意，象征着女孩子成长的过程：色泽纯丽的采衣，象征着女童的天真烂漫；色浅而素雅的襦裙，象征着豆蔻少女的纯真；端庄的深衣（尤其是曲裾的）是公认的最能体现汉民族女子之美的服饰，象征着花季少女的明丽；最后，隆重的大袖礼衣则反映了汉族女子的审美取向——雍容大气，典雅端丽。

3. 冠礼

男子三加分别是巾、帽、幞头。加冠礼：正宾为男生戴上发冠；加笄礼：为女生插上发簪，戴凤冠。

4. 盥洗礼

被加冠（笄）者和正宾洗手、拭干作准备，以示尊重。

5. 音乐

"乐者，天地之和也；礼者，天地之序也。"华夏的礼乐文明是一个整体，礼乐不可分。整个仪程中当然少不了丝竹管弦。但最好选择高雅的古曲（如《高山流水》等）和琴、筝等乐器。

（四）仪式程序

1. 迎宾

主人立于东面台阶位等候宾客；有司托盘站在西面台阶下；客人立于场地外等候；笄者（沐浴后）换好彩衣彩履，安坐在东房（更衣间）内等候；音乐演奏开始。

2. 就位

就位有严格的顺序。正宾来到，父母上前迎接，相互行正规揖礼后入场。主宾落座于主宾位，客人就座于观礼位；宾客都落座后，主人才就座于主人位。

3. 开礼

主人起身，简单致辞。

4. 笄者就位

赞者先走出来，以盥洗手，于西阶就位。笄者走出来，至场地中，面向南，向观礼宾客行揖礼，然后面向西正坐（即跪坐）在笄者席上。赞者为其梳头，然后把梳子放到席子南边。

5. 宾盥

宾盥，即正宾洗手做准备。正宾先起身，主人随后起身相陪。正宾于东阶下盥洗手，拭干。相互揖让后主宾与主人各自归位就座。

6. 初加

笄者转向东正坐，有司奉上罗帕和发笄，正宾走到笄者面前，高声吟诵祝辞，然后跪坐下（膝盖着席）为笄者梳头加笄或加冠，之后起身，回到原位。赞者为笄者象征性地正冠或笄。受冠或笄者起身，宾客向加冠或笄者作揖祝贺。

7. 一拜

冠者（笄者）着成人服向来宾展示。然后面向父母，行正规拜礼。这是第一次拜，表示感念父母养育之恩。

8. 二加

笄者面向东正坐；正宾再洗手，再复位；有司奉上发钗，正宾接过，走到笄者面前为笄者簪上发钗，然后起身复位。

9. 二拜

冠者（笄者）面向正宾，行正规拜礼。这是第二次拜，表示对师长和前辈的尊敬。

10. 三加

正宾为冠者（笄者）着幞头（加钗冠）。

11. 三拜

冠者（笄者）面向国旗，行正规拜礼，这是第三次拜，表示传承文明报效祖国的决心。

12. 置醴

有司摆好醴酒席。

13. 醮子

冠者或笄者跪着把酒洒些在地上作祭酒，然后持酒象征性地沾嘴唇。

14. 字冠者（笄者）

给冠者（笄者）取"字"。

15. 聆训

冠者（笄者）跪在父母面前，由父母对其进行教诲。

16. 揖谢

冠者（笄者）向在场所有参礼者行揖礼以示感谢。

17. 宣誓礼

成人者立志宣誓。

18. 礼成

冠者（笄者）与父母并列，全体起立。父亲面向全体参礼者宣布礼成。

19. 最后

成人者拜谢父母，拜谢众宾，礼毕。

六、寿礼

《尚书·洪范》载："五福，一曰寿，二曰富，三曰康宁，四曰攸好德，五曰考终命。"其中把寿摆在第一位，可见人的一生，寿是至关重要的。

古人对延寿十分重视。《西王母与蟠桃盛会》《八仙庆寿与八仙渡海》《麻姑献寿》等祝寿神话，都体现了古人对于长寿的追求、向往和寄托。因此出现了庆祝寿诞的活动。

（一）寿礼渊源

春秋战国时期，上层统治集团中就已经出现了"献酒上寿"的原始形态的祝寿活动。中国真正意义上的祝寿礼俗从南北朝开始，当时主要是给小孩子做生日；唐代"圣寿节"的出现是祝寿礼俗的高峰，唐明皇这位风流天子将自己的生日作为"圣寿节"，开了全国为皇帝庆寿的先例，从他以后的历代皇帝都有自己的"圣寿节"。到了明清时期，不管是做寿的范

围（以前只有王公贵族、富人才能做寿，到了清代，贫民也能做寿）还是规模，都有了空前的扩大。

（二）寿礼的分类

寿礼是生日时举行的人生礼仪，人的一生要重复许多次。寿礼也叫"过生日"，此外还有"做寿""祝寿""贺寿"等名称。但是寿礼又根据年龄和性别的不同而有所差异。在小的时候庆贺诞生的仪式不叫寿礼，而称为"过生日"。人们认为小孩子、年轻人做寿是不妥的、要折寿的。而只有到了一定年龄，才能称为"做寿"。寿礼一般在40岁以上才开始举行，但如果父母在世，即使年过半百也不能做寿，因为"尊亲在不敢言老"。古时候的寿分上、中、下寿：100岁为上寿，80岁为中寿，60岁为下寿。男女寿诞也有不同的称呼，比如男称椿寿，女称萱寿。在源远流长的寿诞文化中，对不同性别和不同年龄段的寿诞日有一些专门的称谓：弄璋——指男孩诞生，弄瓦——女孩诞生，悬弧之辰——男子生日，悬帨之辰——女子生日。

（三）贺寿礼仪

1. 寄帖发函

寿束是专门用来邀请亲友前来参加自己长辈寿辰的请帖，通常都是由子孙或亲友具名，不由寿星自己具名。寿束的格式与写法除了按照请帖的要求外，还有一些固定用语，如父亲称"家严"、母亲称"家慈"、男子生日称"悬弧"、女子生日称"悬帨"等。寿束的款式有横排和竖排两种。为长辈做寿之前，由子女或亲属出面，向亲朋好友发请帖。

2. 寿宴地点

办寿礼仪一般在家中举行；如果家中场地或时间有限制，也可以在酒店举行。

3. 布置寿堂

由主家的人来布置寿堂：寿堂南墙上挂有红绸，上书"寿"字，也可用百寿图代替，两旁挂寿联，上悬寿幛，其他寿联可挂在其余墙壁上。寿堂地上铺设红地毯。寿堂正面的墙壁旁摆一张方桌，上面摆放祝寿用的寿桃、寿面及鲜花、水果等，方桌上还要摆放寿烛。寿堂的两边则摆放客人坐的椅子。现代布置寿堂时没有那么多规矩，以突出寿和喜庆为主，也有请广告礼仪公司代为策划及布置的。

4. 行礼

古代祝寿的行礼仪式主要是：同辈抱拳打躬，晚辈鞠躬，儿孙辈行跪拜礼。在现代，同辈双手握寿星手并讲一些祝福的语句以示祝贺，晚辈们多以行鞠躬礼为主同时讲恭祝吉祥的语句为寿星祝寿。

5. 开贺寿宴席

将身着吉服的寿星请到上席主位就坐，其他宾客按辈分落座。宴席除有鸡鸭鱼肉、山珍海味外，必有长寿面。大家向寿星敬酒，因"酒"与"久"谐音，就成了"长久"，象征寿星长命百岁。饭后由寿星切蛋糕，划第一刀，然后切开分食，第一块献给寿星。席间由主家的晚辈向每桌亲友敬酒以示谢意。

6. 献祝寿词

祝寿词，是指在寿典上向寿星所献之词，故也叫寿文。其内容一般是对寿者的经历、业绩、品德进行叙述和赞颂，表示良好的祝福。一般由地位最尊贵的亲友来致祝寿词。

7. 寿礼礼物

接到寿礼邀请后，被邀请者要准备贺寿礼。最常见的祝寿礼物有寿糕、寿烛、寿面、寿桃、寿联、寿幛、五瑞图、"寿"字吉祥物等，礼物最好以投其所好的礼品为上。在所送的寿礼上面用红纸剪成"寿"或"福"字粘上，寓意长寿幸福。

8. 寿宴结束

祝寿活动结束后，主家要安排人员在门口送别离席的亲朋。主家要适当给客人一些回礼以示感谢。

9. 祝寿来宾注意事项

在准备礼物时要清楚寿星的喜好，避开寿星及主家忌讳的事物，在寿宴上讲话要有礼有节，声音不宜过大。参加寿宴的服装要以干净、整洁、得体的礼服为主，不宜着暴露、色彩绚丽的服装及佩戴夸张的饰品。如果幼儿参加寿宴，家长要给孩子穿着整洁，管理好孩子不让其在席间乱跑、嬉戏及哭闹，更不能在席间打孩子。

10. 合影

在祝寿期间会有合影留念环节，一般寿星在最中间的位置，寿星的左右两边是来宾中辈分高者及地位尊者。

（四）贺寿专用物品及用词

1. 伴寿诞礼词

随着祝寿礼的出现，产生了一种在寿诞礼上使用的专门文体，即寿诞礼词，包括祝寿柬帖、祝寿锦幛、祝寿诗词、祝寿楹联等。

2. 祝寿锦幛（寿幛）

祝寿锦幛，也叫礼幛，通常用绸布题字做成。一般在整幅的红绸缎上，剪贴喜纸。有用红纸的主轴，称"寿轴"；也有外装玻璃框的，称"寿屏"。寿幛有直式与横式之分；不论直式与横式，皆采用长方形。寿幛的撰写，应考虑到寿者的身份、年龄、职业等因素，用语多为赞颂性或祝福性的话。寿幛用字简短，有一个字的，如"寿"字；有四个字的，如"寿比南山"等，通常以四个字为多。现在，这种送寿幛和寿屏的已经很少了。

3. 祝寿诗词

祝寿时所做的诗词，叫寿诗、寿词。大体分为自寿和寿人两种。给自己生辰所写的文章叫自寿，为别人寿诞所写的叫寿人。自寿的诗词，或写在青少年，或写在中年，或写在晚年，由于身世、阅历和感受各不相同，所抒发的情感也各有千秋。为他人祝寿的诗词，大体又可分为两个方面：一是为家属亲人所写的寿诗和生日词；二是在社会交往中为他人祝贺所写的寿词。

4. 祝寿楹联

祝寿楹联，简称寿联。撰拟寿联时，必须分清对象，确立主旨，选用恰当的词句，保证流畅，使人看了能了解其意义，引起共鸣。寿联多用文言文，并且多用成语、典故、专用名称。

5. 祝寿用词

一般用：生日快乐；身体健康；万事如意；福如东海，寿比南山；吉星高照；万寿无疆；年年有今日，岁岁有今朝；福如东海长流水，寿比南山不老松；福如乾坤星斗，寿比南极仙翁；鹤寿同春。

七、婚礼礼仪

结婚在人的一生中是非常重要的，也是头等大事。男女双方经过恋爱，感情成熟以后，若都有意愿选对方做终身伴侣，则双方家长要见面商谈婚礼前的准备事宜。

（一）订婚

订婚是举行婚礼的前奏，沟通双方情况，商定好给女方的聘礼（主要是衣物和钱财）。订婚时往往是男方在长辈陪同下，携带双方事先商定好的聘礼到女方家去，这种情况也叫"串门儿""过彩礼""过财礼"。民间普遍都比较看重"串门儿"。"串门儿"时，女方亲友长辈都到场，还摆上几桌酒席。"过彩礼"后，男方对这顿酒席要赏"厨钱"。新中国成立后，订婚仪式一度从简。有的男女双方同意终身为伴，照张订婚相，相互交换一下纪念品即可。有的男方将女方及家长和介绍人请到家中，设宴款待，饭后向女方赠送礼品及钱物。现在，订婚过程又渐被看重，而且，有的是男女两家分别举办订婚仪式。"串门儿"时主要是男方给女方"过彩礼"，男方给女方"三金"，即金戒指、金耳环、金项链，男方老人根据自己的条件，还要给未来的儿媳 99 元或 999 元作为见面礼，意在未来的儿媳是百里挑一或千里挑一的，又取其谐音九九十成，表达老人的美好愿望。现在又兴给 101 元或 1001 元的，也是寓意百里挑一或千里挑一。女方也有给男方金戒指的。订婚时往往介绍人在场，彩礼由介绍人经手（除聘礼外，赠送首饰和钱，也有的在结婚仪式上进行）。以后，如果一方不同意了，要"退亲"（即"退婚"），那么有关彩礼问题就要按照"退亲"习俗办：如果是男方提出"退亲"，"串门儿"时给女方的聘礼及财物不得索要；如果是女方提出，则"串门儿"时男方所下的聘礼及财物必须如数退回。这时，介绍人就起到公证员的作用。应该说从"串门儿"开始，两家婚姻关系就算正式确定了，一般都不会轻易反悔。订婚以后，男女双方名正言顺地公开相处，自由随便地到对方家去，频繁接触，加深了解，恋爱进入了一个新的阶段。

（二）结婚礼仪前

男女双方经过恋爱，感情成熟以后，达到法定结婚年龄，双方同意结婚的，便可以到政府民政部门办理结婚登记手续（可先在医疗卫生部门进行身体检查）。领完结婚证书后就成为合法夫妻了。这时就准备举行婚礼。

举行婚礼，俗称"办喜事"，这是婚礼礼仪中最为隆重、最有讲究的。

首先，确定婚期。传统礼俗是由男方找人"看日子"，一般是从农历上来选择良辰吉日，确定婚期，再直接或由介绍人通知女方。结婚日子一经确定，一般不轻易改动，否则认为对男方父母不利。现在婚期往往由双方共同确定。婚期一般选在节假日，如五一、十一、元旦、春节，既喜庆，有纪念意义，而且在假期，有时间做各种准备；选公历和农历都逢双的日子的比较多，意在成对成双；也有取谐音图吉利的，如选"六六"（六六大顺）、"八八"（发发）、"九九"（天长地久）、"五一七"（我要妻）、"五二七"（我爱妻）、"九一七"（就要妻）、"九二七"（就爱妻）的；个别也有受封建迷信思想影响，找人专门择日子的。

然后，做结婚前的准备工作。婚期确定后，要购置家具、家用电器，布置新房，买婚礼服装，选订婚纱，照结婚纪念相。男女双方落实伴郎、伴娘，通知双方亲友，一般来说邀请长辈时需要家中地位最尊者亲自前往，主家方（一般为男方）要提前订饭店、迎亲车辆，确定主持人、傧相、亲友团，落实照相、摄像、礼炮、乐队、婚礼会场布置等事宜。

（三）婚礼准备

1. 结婚庆典前（本书以北方习俗为例）

双方各邀请一位年长者作为婚礼筹备及婚礼当天的总管，还要请各自的好友做亲友团为各项准备事宜帮忙。

婚礼前一般还必须做好以下准备：离娘肉1块、大葱4棵、粉条2斤、绵白糖2包，即"四彩礼"。四彩礼是新郎到女方家接新娘时必带的礼物。离娘肉要1刀，带2根肋骨，以示女儿虽然离开娘出嫁了，但仍然和母亲骨肉相连，没离开娘。大葱要带根，意在生活充裕，孩子聪明、牢靠。粉和糖寓意婚姻甜蜜长远。

彩礼中，也有在鲤鱼（2～4条）、粉（2把）、酒（2瓶）、糖（2包）、烟（2条）、茶叶（2袋）中选四样的，因离娘肉和大葱必带，有的不算四彩礼。

红毯子（1条）：新娘换妆和坐福时用。红腰带（2条）：新娘换妆时新郎新娘互扎。

红鞋（1双）：新娘上喜车时穿。

喜花：新郎、新娘、伴郎、伴娘、证婚人、主持人、傧相花各1个，主婚人（双方父母）花4个，嘉宾花若干。

鲜花（3束）：新郎向新娘献花1束，典礼时向新郎新娘献花2束。

喜蜡（4根）：新娘换妆和新婚之夜用。

鞭炮（不少于8挂）：喜车出发、到女方家各放1挂，到新房、饭店下车和典礼时各放2挂。

礼炮（18～21响）：新郎新娘到饭店下车或结婚典礼时鸣放（一般富裕人家有此项安排）。

大红喜字：大号——新房门、饭店大门各贴2个；中号——迎送喜车每辆车贴1个；小号和艺术字——若干，在新房室内张贴。

喜联（2副）：新房和典礼会场用。

扬花（6袋）、彩条（6桶）：新郎新娘到新房、到饭店下车和结婚典礼时用。

花篮（1个）：典礼会场上用（可用喜车上花篮代替）。

红纸（10张）：垫果盘用。

水果糖块糕点瓜子烟：新房接待、典礼会场主席台上、礼账桌上用。

喜烟和打火机（若干）：新郎新娘敬酒时用。

红气球（20个）：迎送喜车每辆车挂2个。

相机（两部）：结婚全过程摄影用。

门帘及挂钟。

斧子（1把）：新郎迎亲时和新娘换妆、坐福时用（斧子最好用桃木制作的工艺品，红纸剪的也可）。

铜镜或一般镜子（两面）：接亲时新娘放置在礼服内腰的前后，镜面朝外。

礼账本、笔、礼账兜（1～2套）。

男方家红包：新娘改口、压床、压车、新娘换鞋、挂门帘及挂钟、新娘点烟及赏嫁妆、新亲小孩、喜车、厨师、摄影师、录像师、伴郎、伴娘、献花小孩、主持人、傧相用；另备几个机动红包。

女方家红包：新郎改口及点烟、给新娘压腰、赏喜车、新亲上礼、加菜时赏厨师、新娘赏双方嫂子及小叔子用，另准备硬币1包，抓福时用。

女方家备水果、糖块、糕点、瓜子、烟；1碗合喜面、2个荷包蛋（新郎新娘吃）；1挂鞭，喜车返回放；聚宝盆1个、红纱巾1条；红手帕若干（遇喜车抛、作赠品送人）。

准备好新郎、新娘交换的信物，并交由专人管理。

2. 双方家庭沟通商定事宜

商定迎送亲时间、车行路线和迎送亲、入洞房（新房）、结婚典礼的仪式、议程。明确在女方家换妆、照相和在洞房坐福、照相等仪式所需时间。典礼仪式一般需要20～25分钟。

赏钱沟通：新郎新娘改口钱、压床钱、新娘换鞋钱、新亲压车赏钱、挂门帘及挂钟赏钱、赏新亲小孩钱、赏嫁妆钱、新亲上礼钱、给新亲加菜赏钱等。

落实证婚人、婚礼庆典讲话人员、献花小孩、放鞭扬花人员及迎亲路线。

迎亲返回礼品：大葱、喜蜡各返回2根。

落实女方家执事和男方家傧相，双方有事直接由他们联系沟通。强调伴郎为新郎携带礼品，为新郎新娘上下车开关车门；伴娘协助新娘化妆、换装；伴郎伴娘为新娘铺红毯，点喜蜡，做好交换信物、喝交杯酒和敬酒的准备工作，随时关照新郎新娘仪表。

沟通双方习俗、忌讳或注意的问题及其他有关事宜。

（四）迎亲

从清晨开始，男方家门前便鼓乐喧天，大门上张贴大红喜联，室内外门窗、家具上张贴红"囍"字。房前或大门外以"88"或"99"为造型摆好烟花爆竹。装扮好迎亲喜车——挡风玻璃窗上粘贴"囍"字，车门两旁悬挂红气球或鲜花。新娘早起盘头化妆，由伴娘陪伴在家等候。新郎在新房换装，披红戴花。儿子要成家了，母亲对其嘱托。主婚人（新郎父母）、主持人、傧相戴喜花。

迎亲车队出发。新郎在长辈带队，伴郎、介绍人、亲友团和婚礼主持人的陪同下，手持鲜花，带四彩礼、压炕钱、换鞋钱，乘车去迎亲。迎亲人员中有一人负责带新郎新娘花、伴郎伴娘花、主婚人（新娘父母）花、两条红腰带、一双红鞋、一条红毯、四根喜蜡、一挂鞭。伴郎为新郎座下垫"福"（斧子），出发时放一挂鞭炮。一路上逢村过桥燃放鞭炮。两家相距近者故意绕远路，以显示荣耀。迎亲队伍到女方家附近，放鞭炮给女方家报信，女方家出人至大门外迎接，迎亲人员下车。

新郎改口叫门。新郎手提礼物走在前面，至房门前改口叫"妈！开门"，须叫数声（谓"憋性子"，女方到男方家后亦然）。岳母开门后，新郎给岳父、岳母鞠躬施礼，岳母接过礼物，对女婿改口赏红包。然后请宾客到客厅等候，以烟茶糖果招待，并由介绍人介绍双方亲属关系。在迎亲宾客进屋的同时，新郎又叫新娘开门，女方亲友团会给新郎出难题，寓意娶老婆不易要珍惜，新郎给新娘献花。

新娘换妆时将男方带来的镜子放置在礼服内腰前后各一面，镜面朝外，俗称照妖镜，寓意为妖魔小鬼不能近身。新娘父母戴主婚人花，伴郎伴娘铺红毯、点喜蜡、摆大葱，伴郎在红毯下放压床钱，新娘在红毯上换妆。新娘换妆后，新郎新娘互扎红腰带、互戴新郎新娘花，伴郎伴娘互戴伴郎伴娘花，女方家人和新郎新娘照相。

吃合喜面。新娘母亲煮一碗面条，放两个荷包蛋，新郎新娘合吃一碗喜面。

新郎给女方家长辈点烟，长辈对其赏钱；长辈给新娘赏压腰钱（比较讲究的人家有此项安排）。

新娘抓福。女方家人在红毯上撒硬币，新娘抓钱放入由红布包裹的洗脸盆（俗称"聚宝盆"）中，新娘端盆，母亲对女儿嘱托。

喜车返回。新郎抱新娘上喜车，新郎给新娘换鞋，新娘弟弟接旧鞋，新郎给赏红包。迎亲人员带回红毯和两根喜蜡、两颗大葱。女方家人对喜车赏钱，迎亲车起车在燃放鞭炮中返回。一路上喜车在前，新娘的父母、压车人和其他亲属相随送至婆家。姑娘出嫁，女方家一般要陪送几大件嫁妆，如高档家具、家用电器、生活用品等，所有的嫁妆都要系上红布条，嫁妆随车到达。有的地方，女方的父母不参加婚礼仪式。

（五）结婚仪式

迎喜车、接新亲。喜车到男方家后放鞭炮，新郎新娘下车，青年男女给新郎新娘扬喜花、喷彩条；男方家人接新亲、接嫁妆；给压车人赏钱，给喜车赏钱。

新娘改口叫门。新娘在新房门前改口，叫"妈！开门"，连叫数声。婆婆开门后，接聚宝盆，给儿媳赏红包。（有的地方，新娘改口、婆婆接聚宝盆、给儿媳赏红包，在新郎新娘下喜车时进行）

儿媳给婆婆戴喜花。戴喜花后，儿媳给公婆施礼，婆婆再赏红包。（也有接聚宝盆和戴喜花赏一个红包的）

给洞房（新房）挂门帘及挂钟。由新娘弟弟挂，男方家人给赏红包。

新娘坐福。伴娘铺红毯，伴郎在毯下放斧子；双方嫂子整理被褥，新娘对双方嫂子赏红包；小叔子拉新娘下床，新娘给小叔子赏红包。

新娘给男方家长辈点烟敬茶，长辈给新娘赏钱。（比较讲究的人家有此项安排）

双方长辈见面认亲；新郎父母对新亲小孩赏钱，对女方家人赏嫁妆钱。

男方家人照全家福相。亲友、嘉宾和新人合影。

（六）婚礼仪式开始

1. 结婚庆典
结婚庆典开始，奏乐，鸣放鞭炮。

2. 献花
向新郎新娘献花。

3. 致谢证婚人
证婚人为新郎新娘颁发结婚证书并作证婚讲话（新郎新娘向证婚人鞠躬，证婚人向新郎新娘颁发结婚证书）。

4. 举行拜堂仪式
一拜高堂，二拜来宾，夫妻对拜。

5. 交换信物
信物一般为戒指。

6. 喝交杯酒
新郎新娘喝交杯酒，寓意夫妻将

选定对方，携手走过一辈子。

7. 致贺词

主婚人作主婚讲话并致答谢词，新郎新娘双方单位领导或长辈、双方亲友代表、来宾代表讲话，新郎新娘讲话。

8. 闹花堂

结婚庆典仪式结束后，喜庆宴会开始，新亲（女方亲友）专有新亲席，新亲席摆在正位。此时新亲上开账礼。席间，乐队演奏，宾朋献歌助兴，厨师给新亲加菜，新亲赏厨师。喜宴进行期间，新郎新娘在主持人和伴郎伴娘陪同下给宾客敬酒、点烟。敬酒时，新郎新娘按照长幼顺序先给新亲席敬酒、点烟。给其他宾客敬酒时，如来宾较多，则主持人要求每桌各选一两个代表，由新郎新娘敬酒、点烟。新亲和宾客散席后，男方家人在饭店门口送客。宾客走后，新郎一家人团团围住，新娘给公婆敬酒，男方一家人吃团圆饭。晚上，洞房里要把从新娘娘家带回的喜蜡点燃，大葱摆上。新郎新娘要吃饺子和面条。饺子叫子孙饺子、面条叫长寿面（也有叫宽心面的）。然后开始闹洞房。闹洞房传统习俗是由新郎的嫂子、婶子等人给新人铺被褥，同时往新郎新娘床上扔枣、栗子（意为早生贵子），扔花生（意为姑娘儿子插花生），还有扔大豆（意为孩子多、像金豆）、木墩（意为孩子长得结实）的。现在，新婚之夜，青年人戏弄新郎新娘的节目很多，而且花样翻新，妙趣横生，往往闹到深夜，直到新郎新娘再三告饶为止。

（七）婚礼注意事项

迎亲人员和迎亲车辆去时为单数，返回时迎送亲人员和迎送亲车辆为双数（意在成双成对），到女方家和返回新房时，行车往里拐（意在不往外去）、不走重复路线（意在结婚只此一次）。四彩礼挂红包装。新郎新娘互扎红腰带时切记不打结（意在夫妻感情和顺，不结疙瘩）。典礼前，新郎新娘下喜车后喜车花立即拆除（意在结婚坐喜车就这一次）。喜蜡要对灭，不要吹灭（意在一生到老，生生死死都在一起，不被吹散）。新娘抓福时尽量多抓，但不要抓净（意在把福根留下）。喜车返回遇喜车、过路口或过桥时，新娘对窗外飞红手帕（意在喜上加喜）。新房附近井盖用红纸遮盖（意在把井盖上了，不能掉井里）。

如果结婚的路上遇到有人出殡，都会有人告诉新郎新娘，结婚当日又见"官"又见"财"，新人以后有福。一般遇到这样的情况，新娘都要从花轿中扔出钱来避免晦气。现在，这个规矩也有所保留，在很多地方，开车的碰到出殡队伍都会朝窗外扔出零钱。

（八）参加婚礼注意事项

参加婚礼时着装要整洁、较为隆重，不宜着太随意休闲的服装；女宾着装要整洁大方并略施淡妆，不宜穿着过于华丽，避免炫耀之嫌。来宾讲话声不宜过大，以免影响他人。来宾在席间要注意餐桌礼仪。

来宾如果带了小朋友出席，要给孩子洗漱干净、穿戴整齐，管理好孩子，不要让孩子在席间吵闹、嬉戏。仪式结束后，要有礼貌地向主家致谢告辞。

（九）回门礼仪

婚后第三天，新娘要带着新郎和礼品，回娘家串门儿，俗称"回门"。因为这是女儿出嫁后第一次回家，又是新女婿第一次正式到岳父岳母家做客，所以女方家在接待上比较隆重。宴饮时新郎坐在首席，由女方家的近亲好友陪席。"回门"时居住天数不限。女方家往往在女儿女婿"省亲回门"期间宴请宾朋、大操大办。新婚一个月，新娘要回娘家"住家"一次，居住天数不限。第一个春节，新郎要带着妻子和礼品在正月初二去给岳父岳母拜新年，最迟不超过正月初六。新郎新娘对新娘的直系近亲长辈，要备礼品逐家拜望。长辈族亲一般都设宴款待，并在返回时给新人赏钱。

八、丧葬礼仪

我国从原始社会起，人们便产生了灵魂观念。古人认为，人死灵魂不死，能干预活人的人事、祸福。因为这种灵魂不灭观念的制约及各民族文化传统、宗教信仰的差异，产生了形形色色的葬礼风格，有的盛大隆重，有的简易朴素。葬礼礼仪是各民族传承下来的一种特殊文化。对死者的处理方式主要包括安葬、殡仪、举哀等。

（一）丧葬方式

丧葬方式也是遗体处理的形式，主要有土葬、火葬、水葬、天葬、缸葬、洞葬、树葬、悬棺葬、沙葬、风葬、木乃伊等，以下介绍几种常见的丧葬方式。

土葬：葬式之一，又称埋葬，流行于世界各地。

火葬：传统葬式，以火焚尸、将骨灰贮于盒内的殡葬方式，是现代最为提倡的丧葬方式。

水葬：是世界上比较古老的葬法。水葬在世界上大体有 3 种不同的方式：一是漂尸式，即将死尸置于专门制作的死亡船上，放入江河湖海，任其自然漂流；二是投河式，即将死尸背到河边肢解后，投入河中；三是撒灰式，即将尸体火化后的骨灰撒入江河湖海。

天葬：就是将死者的尸体喂鹫鹰。鹫鹰食后飞上天空，人们认为死者顺利升天。天葬在天葬场举行，各地有固定地点。

（二）传统丧葬仪式

中国传统葬礼的主色调为白色和黄色，故有白事之称，与红事（喜事）相对。中式传统丧葬主要过程如下。

送终：逝者生命垂危之时，子女等直系亲属守护在其身边，听取遗言，直到亲人去世。这在习俗中，称为"送终"。这是葬礼的第一步。

小殓：在死者入棺前，要为其整容。

孝服：孝衣的穿戴规矩很多。如嫡亲子女、媳、孙、孙媳等为"重孝"，内穿白粗布裤襟、白粗布腿带，外罩斜襟孝袍，再外面穿一袭对襟无袖过膝裕袢，腰系孝带。

报丧：正式通知远近各处的亲友或登门通报死讯，通报死亡时间、情况和葬礼安排。

入殓：死者家人在逝者死后到正式放入棺材期间，要设置灵堂，死者晚辈要轮流守护在灵堂，即所谓"守灵"。

居丧：居丧是指逝者家人后辈自逝者断气时起服丧，男子不穿华丽的衣服，女子则要摘下身上的装饰品，换上丧服。

吊唁：吊唁是丧葬礼俗中比较重要的内容，吊唁的方式依与死者关系的亲疏不同而不同。

奔丧：亲友携带礼品、礼金、挽联、花圈等从外地来参加葬礼。

停灵：又称暂厝，将逝者在灵堂停放若干天，等待前来奔丧的亲友，同时有助于确定死亡而不是昏迷假死。灵堂可为家中房间、临时搭制的灵棚或殡仪馆的专用房间。灵堂内设悼念条幅、死者遗像、供奉死者的食品（供品）、香、蜡烛、纸钱等。另外，在暂时不能正式安葬逝者的情况下，将棺材寄放在寺庙等地，等待未来下葬，也称作停灵。

守灵：停灵期间，已在场的亲友，特别是死者的晚辈在灵堂轮流守护逝者，接受奔丧者的吊唁。在整个葬礼期间，死者的晚辈要穿孝服。

出殡：出殡之时先要辞灵，然后起棺，把棺材送到墓地埋葬。

撤灵：出殡前要撤灵堂，吹灯拔蜡烛。

落葬：到达墓地后，整理墓坑，将棺木徐徐放下，有丧主铲土掩棺，并堆土成坟。

丧宴：家属对各位亲朋来参加葬礼表示感谢，向大家鞠躬，然后由家属代表讲话。丧宴进行中，主要晚辈血亲要到各桌敬酒。

（三）现代中国丧葬仪式

（1）若人在家中或医院去世，应立即通知殡仪服务公司。

若在家中去世，由辖区派出所出具死亡证明。若在医院去世，由主治医师出具死亡证明。若是意外死亡，则需要在死亡原因调查完成、确认意外死亡后，再由公安司法部门出具死亡证明。

死亡证明在后期办理注销户口等事项中都会用到，请务必妥善保存。

（2）净身更衣，为逝者清洗遗体并穿戴寿衣。

原则上应由逝者至亲亲自执行，但如果实在不知道应该如何操作，也可以请殡仪服务公民事工作人员或者医院护工代劳。

殡仪服务公司一般都会有偿提供净身更衣服务。

（3）通知殡仪馆接运遗体，并将死亡证明火化联交给殡仪馆工作人员。

（4）殡仪馆工作人员前来接运遗体时，可以在服务项目委托单上选择停放、化妆、整容等基本服务。

（5）预化火化时间一般是去世后的第三天清晨或上午。

（6）现代葬礼一般召开规模大小不等的追悼会。追悼会一般在殡仪馆举行，由家人及单位向亲朋好友及同事等发讣告，通知追悼会举行的时间、地点等事宜。

（7）追悼会的主要程序如下。

司仪宣布××同志（先生、女士）的追悼会现在开始，介绍参加追悼会的单位领导、死者生前好友，以及因故不能参加追悼会而采用其他方式表示哀悼的情况说明等。

全体默哀 3 分钟。

单位领导或好友致悼词。一般悼词讲述逝者的功绩和对他人的善举，对逝者表示哀悼与怀念，对逝者亲属表示慰问。

家属致答谢词。主要内容是讲述逝者的生平事迹、贡献和对家人的教育与关爱，对逝者不舍的情绪和怀念，向前来参加葬礼的来宾表示感谢，并向大家鞠躬。

向遗体和遗像默哀，奏哀乐及三鞠躬。

向遗体告别。

中国政府提倡简葬，追悼会后即行火葬。

选择墓地安葬骨灰。

（四）参加丧葬礼仪注意事项

参加葬礼首要的就是心诚。绝对不能以凑热闹或看新鲜的心态去，否则很容易做出不适宜的行为，对死者和死者的家属都是不礼貌的。

参加葬礼时应以逝者为大，无论和亡人是什么关系，都应肃然恭敬。不可对逝者品头论足、谈论是非。

参加葬礼时，如若不小心碰掉、碰坏了葬礼上的祭品，应及时和丧家联系，心生忏悔，坦诚道歉，并尽量恢复原样。

参加葬礼时衣着：简洁庄重，主要以黑白素色为主，干净清爽，不要带任何颜色。男士可内穿白色或暗色衬衣，女士不应涂抹口红，不戴鲜艳的围巾，尽量避免佩戴饰物，如需要可考虑白珍珠或素色饰品，避免佩戴黄金饰品。

言语：丧事时忌讳使用"死""惨"等使人联想到不幸的词语。作为慰问语一般可以说："这次事情真令我悲痛，请节哀顺变。""这次事情太突然了，衷心表示哀悼，请保重身体。"而且不要大声哭喊或凭吊太长时间，以免引起家属的悲伤情绪。

举止：葬礼会场是肃穆的，吊唁者言辞应收敛，高谈阔论、嬉笑打闹都是对逝者及家属的不敬。说话压低声音、举止轻缓稳重，才能显出诚意和风度。

守时：可以提前到场等候。

能参加的一定要去吊唁，不宜参加的应打电话或寄信吊唁。

喧哗或中途退场，是对逝者及家属的不尊重。

吊唁礼物：礼金不能用红纸包装，最好用白色或素色纸封套包好，在封皮上写上"奠仪""帛金"之类的黑字并署名。挽幛、挽轴、挽额也称礼幛，题词不拘形式，通常以四字为多，多是直写，横写的称挽额。祭奠礼品如赠送香烛纸钱、鞭炮、"三牲"、果品之类的祭祀用品，随祭品附送礼单帖。

花圈或花篮：鲜花或纸花均可，上有挽带，写对死者的称谓和极简短的悼词，表示对死者的怀念。送的花主要以黄色和白色为主，千万不要送过于鲜艳的花。能送的花主要有：黄菊和白菊扎在一起表示肃穆哀悼；白菊表示真实的哀悼；翠菊表示追念和哀悼；黄色和白色的康乃馨表示留恋之意，让逝者走好；白色大丽花可布置灵堂、灵车，寄托哀思；白百合在印度寓意对亡灵的哀悼。

谢礼：在追悼会上丧家要发放谢礼，一般为毛巾、手帕、糖果、糕点等物品。现在殡仪馆为方便丧家，有专门的谢礼供应，也称为奠酬。

📋 延伸阅读

袁涤非.现代礼仪[M].北京:高等教育出版社,2014.

第二节　中国传统节日礼仪

一、春节礼仪

春节，自古以来是中国人最重要的节日。它所蕴含的习俗、人伦、信念，构成了中国文化最重要的部分。随着社会的进步和时代的发展，它演变成了中国人最重要的家庭聚会、亲戚团圆的节日。春节、清明、端午、中秋构成了国人最重要的节日。春节，正月初一至正月十五（元宵节），英文翻译为：Spring Festival。

春节的起源，古今说法有多种，比如起源于腊祭、巫术仪式、鬼节等。当然，现在最认可的是由舜帝时期兴起，距今4000多年，可谓历史悠久：舜帝继位之后的某一天，带领着部族人员，祭拜天地，从此人们将这一天当成"岁首"。这就是农历新年的由来，后来才被称为春节。

在春节期间，中国的汉族和一些少数民族都要举行各种庆祝活动，这些活动均以祭祀祖神、祭奠祖先、除旧布新、迎禧接福、祈求丰年为重要内容。在春节期间，人们尽可能回到家里和亲人团聚，表达对未来一年的热切期盼和对新一年生活的美好祝福。

春节是中华民族最隆重的传统佳节，也是中华民族一年一度释放情感的狂欢节。春节是除旧布新的日子，从腊八开始，人们开始忙年：打扫房屋、洗头沐浴、准备年节等。所有这些活动，有一个主题，即"辞旧迎新"。春节也是祭祝新年的日子，祭天祈年成了年俗的主要内容之一，而且，灶神、门神、财神、喜神、井神等诸路神明在春节期间都备享人间香火。人们借此酬谢诸神过去一年的关照，并祈愿在新的一年中能得到更多的福佑。

春节还是合家团圆、敦亲祀祖的日子。春节期间合家欢聚一堂，吃团年饭，给长辈拜年，焚香祭祖，与亲友们互致祝贺。春节更是民众娱乐狂欢的节日。春节期间各种丰富多彩的娱乐活动竞相开展，如耍狮子、舞龙灯、扭秧歌、踩高跷、杂耍等，为新春佳节增添浓郁的喜庆气氛。

（一）年前具体习俗

1. 腊月二十三

祭灶。古时人们认为，灶王爷上天在玉皇大帝面前美言几句，便会给家里带来幸福，可保佑来年一家平安，因此，每年腊月二十三，家家户户都要祭祀灶神，请求他上天后多说好话、吉利话，这种送灶神的仪式叫作"送灶"或"辞灶"。除夕夜，还要把灶神接回来。因此，腊月二十三的晚上，要把灶王爷和祖宗的画像或照片挂在墙上，备好酒水、贡品，使其接受家人的祭拜。

民间传说，灶王爷上天专门告人间善恶，一旦哪家被告有恶行，大罪要减寿三百天，小罪要减寿二百天。祭送灶时，人们在灶王爷像前的桌案上供放糖果、清水、料豆、秣草，其中后三样是为灶王升天的坐骑备料。为了让灶王爷"上天言好事、回宫降吉祥"，人们就用各种办法"对付"他，有的用胶牙糖敬它，好把灶王爷的牙齿粘住，使他不能乱说话；有的用酒糟涂抹灶门，这叫"醉司令"，醉得灶神不能乱说话。灶神受到人们的特殊招待，"吃了人家的嘴软"，当然就不好讲坏话了，这实际上是民间一种伦理道德的自律。

2. 腊月二十四

扫尘，民谚称"腊月二十四，掸尘扫房子"。举行过祭灶后，便正式地开始做迎接过年的准备。扫尘就是年终大扫除，北方称"扫房"，南方叫"掸尘"。在春节前扫尘，是中国人民素有的传统习惯。扫尘之日，全家上下齐动手，用心打扫房屋、庭院，擦洗锅碗，拆洗被褥，干干净净地迎接新年，其实，人们是借助"尘"与"陈"的谐音表达除陈、除

旧的意愿，新春扫尘有"除陈布新"的含义，其用意是要把一切"穷运""晦气"统统扫出门。因此，对庭院内外进行彻底的大清理。可见，这一习俗寄托着人们破旧立新的愿望和辞旧迎新的祈求，也是中华民族在漫长历史中积累的在冬季讲究卫生、预防疾病的传统美德。

3. 腊月二十五

民谚称："腊月二十五，磨豆腐。"民间传说，灶王上天汇报后，玉皇大帝会于农历十二月二十五日下界查访，看各家各户是否如灶王所奏的那样，于是各家各户就吃豆腐渣以表示清苦，以免受到玉皇惩罚。因此，这一天俗称"接玉皇"。这一天，起居、言语都要谨慎，争取好表现，以博取玉皇欢心，降福来年。

4. 腊月二十六

俗话说："腊月二十六，杀猪割年肉。"说的是这一天主要筹备过年的肉食。这一天是大集市日，集市周边各村的百姓纷纷前往赶集买年货，如烟、酒、鱼、肉、鞭炮和走亲戚用的礼品等，年味也逐渐浓了起来。

5. 腊月二十七

传统民俗中，在腊月二十七和二十八这两天要集中地洗澡、洗衣，除去一年的晦气，准备迎接来年的新春。

6. 腊月二十八

年谣云："腊月二十八，打糕蒸馍贴花花"或"二十八，把面发"。所谓贴花花，就是张贴年画、春联、窗花和各种春节张贴之物。

7. 腊月二十九

祭祖。年谣称："腊月二十九，上坟请祖上大供。"对于祖先的崇拜，在中国由来已久。视死如生不仅是孝道的重要标志，也是尊老敬老的美德。春节是大节，上坟请祖仪式也就格外郑重。自古以来，中国祭祖的活动就已是春节中一项十分重要的活动。

8. 腊月三十（除夕）

除夕是指农历腊月最后一天的晚上，它与正月初一首尾相连。"除夕"中的"除"字是"去，易，交替"的意思，除夕的意思是"月穷岁尽"，即旧岁至此而除，来年另换新岁。故此，除夕的活动都以除旧迎新、消灾祈福为中心。古时要举行仪式，驱逐疫病之鬼，故称除夕的前一天为小除，即小年夜；除夕为大除，即大年夜。在大年夜，一般人家都要团聚在一起吃年夜饭，以增进亲情，团团圆圆，为家中长辈祈福增寿。

9. 贴门神

最初的门神是刻桃木为人形，挂在门的旁边；后来是画成门神像，张贴于门。传说中的神荼、郁垒兄弟二人专门管鬼，有他们守住门户，大小恶鬼均不敢入门为害。唐代以后，又有画猛将秦琼、尉迟敬德二人像为门神的，还有画关羽、张飞像为门神的。门神像左右户各一张，后代常把一对门神画成一文一武，寄托了人们辟邪除灾、迎祥纳福的美好愿望。

10. 贴春联

春联亦名"门对""对联""桃符"等，是对联的一种，因在春节时张贴而得名。它以工整、对偶、简洁、精巧的文字描绘时代背景，抒发美好愿望，是我国特有的文学形式。每逢春节，无论是城市还是乡村，家家户户都要精选一副大红春联贴于门上，为节日增加喜庆气氛。

神荼、郁垒画像

秦琼、尉迟敬德画像

11. 贴年画

春节挂贴年画在城乡也很普遍。浓墨重彩的年画给千家万户平添了许多兴旺欢乐的喜庆气氛，这些都具有祈福、装点房屋的民俗功能。年画是中国的一种古老的民间艺术，它反映了人民大众的风俗和信仰，寄托着人们对未来的希望。

12. 守岁

中国民间在除夕有守岁的习惯，

俗名"熬年"。除夕守岁是最重要的年俗活动之一，守岁之俗由来已久。除夕之夜，相互赠送，称为"馈岁"；酒食相邀，称为"别岁"；长幼聚饮，祝颂完备，称为"分岁"；大家终夜不眠，以待天明，称为"守岁"。

（二）年中具体习俗

正月初一要早起。有人认为，如果不早起，田坎就会塌，所以要早起。

1. 开门炮仗

春节早晨，开门大吉，先放炮仗，叫作"开门炮仗"。爆竹声后，碎红满地，灿若云锦，称为"满堂红"。这时满街瑞气，喜气洋洋。

2. 拜年

春节期间的一项重要活动，是到亲朋好友家和邻居家祝贺新春，旧称拜年。一是走亲戚，初一到本家、初二到岳父家；二是亲朋之间礼节性的拜访；三是感谢性的拜访，借拜年之际，表示感谢；四是串门式的拜访。对于平时没有多大来往，但还能说得来的人，到了年禧，见面彼此一抱拳，说"恭喜发财""一顺百顺"等吉祥话。

给压岁钱：压岁钱是由长辈发给晚辈的，并勉励晚辈在新的一年里学习长进，好好做人。

3. 团圆饭

一年一次的团圆饭可充分表现家庭成员的互敬互爱。这种互敬互爱使一家人之间的关系更为紧密。家人团聚，儿孙满堂，一家大小共叙天伦，晚辈还可以借此机会向父母长辈表达感激之情。

4. 正月初二

祭财神（开斋日）。北方在正月初二这一天无论是商贸店铺，还是普通家庭，都要举行祭财神活动。各家把除夕夜接来的财神祭祀一番。这天中午要吃馄饨，俗称"元宝汤"。祈望到来的这一年发大财。正月初二是传统的"姑爷节"，姑爷们要去给岳父岳母拜年。

5. 正月初三

烧门神纸。旧时初三日夜把年节时期所挂门神门笺等一并焚化，以示年已过完，又要开始营生。这一天祝祭祈年，且禁食米饭。

6. 正月初四

正月初四是女娲造羊的日子，故称"羊日"。"三羊（阳）开泰"乃是吉祥的象征。这天也是恭迎灶神回民间的日子。清扫室内，把垃圾收集堆到一处，俗称"扔穷"，反映了人们普遍希望辞旧迎新，送走旧日贫穷困苦，迎接新一年美好生活的愿望。

7. 正月初五

南方人在正月初五迎财神。民间传说，财神即五路神。所谓五路，指东西南北中，意为出门五路，皆可得财。五祀即迎户神、灶神、土神、门神、行神。所谓"路头"，即五祀中之行神。凡接财神须供羊头与鲤鱼，供羊头有吉祥之意，供鲤鱼是因"鱼"与"余"谐音，图个吉利。旧俗春节期间大小店铺从大年初一起关门，而在正月初五开市。俗以正月初五为财神诞辰，认为选择这一天开市将招财进宝。

8. 正月初六

送穷鬼。农历正月初六又称马日，在这一天要送穷，这是民间一种很有特色的岁时风俗。各地都有自己的送穷办法，各不相同，但都在于送走穷鬼。传统的看法是：正月初一为鸡日，初二为狗日，初三为猪日，初四为羊日，初五为牛日，初六为马日，初七为人日。传说中女娲创造万物生灵的时候，是先造的六畜，后造的人，因此初一到初六是六畜之日。旧时农民于此日开始下田，准备春耕。正月初六，百无禁忌，出门活动筋骨。

9. 正月初七

人日。传说女娲初创世，在造出了鸡、狗、猪、羊、牛、马等动物后，于第七天造出了人，所以这一天是人类的生日。故此日也称为"人胜节""人庆节"等。

10. 正月初八

谷日。传说初八是谷子的生日。这天天气晴朗，则主这一年稻谷丰收，天阴则年歉。民间以正月初八为众星下界之日，制小灯燃而祭之，称为"顺星"，也称"祭星""接星"。

11. 正月初九

正月初九是天日，俗称"天公生"，传说此日为玉皇大帝生日。主要习俗有祭玉皇、道观斋天等。

12. 正月初十

这天是石头生日，所有石制品都不可使用，也称"石不动"。

13. 正月十一

正月十一是子婿日，岳父们在这一天宴请子婿。

14. 正月十二

从这天起，人们开始准备庆祝元宵佳节，选购灯笼，搭盖灯棚。

15. 正月十三

旧时从正月十三开始上灯，正月十八落灯。正月十三上灯之日吃圆子，正月十八落灯之日吃面条。

16. 正月十四

这一天的民俗活动有喝亮眼汤、试花灯、食糟羹等。

到这一天春节就要过完了，人们会期待着春节的最后一天——正月十五——闹元宵。

（三）春节礼避讳事项

1. 早餐忌讳吃稀饭

尤其是大年初一，稀饭和荤菜一定不能吃。因为古人认为，只有穷人家才吃稀饭，大年初一吃稀饭代表穷。

2. 早上忌讳催人起床

春节期间，睡觉睡到自然醒。因为，在古人看来，如果春节催别人起床，那么就表示他一年都要别人催着才能做事！当然，如果别人在睡觉，是不能过去拜年的，否则会很失礼。

3. 除非不得已，忌讳吃药

古人认为，除非万不得已，病得非常重，不吃药不行，否则就不要吃药，因为，"春节吃药整一年，而且啥病也治不好"。

4. 借出或借入钱财都忌讳

春节期间为何不能借钱？因为这对借和被借之人都是坏事。对开口借钱的人来说，"春节借了别人的钱，一年四季靠外援"；对于被借之人来说，"春节借给别人钱，财产外流整一年"！

5. 忌讳倒污水垃圾、扫地等

这是指大年初一不能做。在古人看来，污水、垃圾等，都可能蕴含家里的财气，所以如果扫地或倒掉这些垃圾，就可能把家里的财气倒掉。所以，一般都是过了初一再做。

虽然这些禁忌未必有道理，而且带有很多封建思想，但代表了人们趋吉避凶的美好愿望。更为重要的是，正因为有了这些忌讳，春节才变得更加丰富多彩！

（四）拜年礼仪

1. 拜长辈

拜年时，晚辈要先给长辈拜年。晚辈祝长辈长寿安康，长辈可将事先准备好的压岁钱分给晚辈。据说，压岁钱可以压住邪祟，因为"岁"与

"祟"谐音，晚辈得到压岁钱就可以平平安安度地过一岁。

2. 拜亲朋的次序

拜亲朋也讲究次序，首先拜家里长辈。初一早晨，晚辈起床后，要先向长辈拜年。不能忘记的是向邻居长辈拜年。中国有句古话："远亲不如近邻。"所以向邻居长辈拜年仅次于本属长辈，一般来说，邻居长辈也会给压岁钱的。然后是走亲拜年。

3. 拜岳父、岳母

初二，到岳父、岳母家拜年，并带贺礼。

4. 礼节性的拜年

如果与主人系平辈，则只须拱手。一般情况下，不宜久坐，客套话说完就要告辞。主人受拜后，也应择日回拜。拜年的方式多种多样，发短信、寄贺卡、电话、微信拜年等都是新的拜年形式。

5. 拜年时间选择

拜年要提前预约，不要和主人的其他拜年客"撞车"或因主人也出门拜年而跑空趟，同时也给主人一个提前准备的时间。预约时间最好给主人留有选择的余地，不要自己单方面定一个时间，而要共同约定这个时间，以双方都比较方便为宜。

拜年首先要选择合适的时间。由于平时劳碌，年节期间人们一般起得较晚。若过早登门拜年，往往让主人措手不及。有人喜欢选择晚上拜年，一坐好几个小时，也难免影响主人休息。做客逗留时间一般以30～40分钟为宜，这样，既不失礼貌，又不影响主人接待其他客人。拜年时，若进门问声"新年好"，旋即匆匆离去，也会给人缺少诚意的感觉。如果被拜年者招待年饭，可根据饭局的时间来确定拜年的时间，要提前到达，不要等开饭的时间再到，应该留有寒暄问候聊天的时间。饭后1个小时左右告辞，时间没有固定限制，可根据与拜年对象的关系来选择，以不增加拜年对象的接待负担为宜。

6. 拜年的贺礼

送贺礼也十分讲究，贺礼一定要送得得体。向长辈、老师、师傅拜年时，应适当带点礼物。礼物不宜太昂贵豪华，但应能"拿得出手"。一般送礼要投其所好，如不太了解可选择鲜花、水果、食品，基本不会出错。如果主人家里有小朋友，也可适当选择孩子喜欢的礼品。捧上一束鲜花，送上一张精美的贺卡，近年已成为都市现代人浪漫温馨的拜年方式。拜年贺礼还应讲究卫生、安全。

7. 拜年的服饰

新年新气象，到亲朋家拜年，注意自己的服饰要得体。节日的服饰以都市休闲、时尚为主，不要穿得太运动，也不要穿晚礼服之类太正式的服装。如果衣服颜色较深或压抑，可适当增添一些小饰物来点缀。

8. 做客的礼仪

进门要根据亲朋好友家的环境请求换鞋；向亲朋好友家人一一打招呼（可提前了解亲朋好友的家庭成员情况及称呼）；礼貌地送上礼品；到亲朋家做客，以客厅为主要活动场所，未经主人允许，不要主动到各个房间参观；要以主人家的生活习惯为主，不要像在自己家一样随意；与主人之间的聊天内容多以问候、寒暄、增进彼此感情为主。

9. 餐桌礼仪

参加主人家宴席，要以长者为主，谦让主座给长者。酒店里的主座一般是离门最远的或背对主持台的座位；在家里多是面对厨房门的座位，也可由居家摆设看出主座位置，以左为大。中国的餐桌是一个交流的平台，不要闷头吃不说话，但也不要高谈阔论。让菜不夹菜、祝酒不劝酒，春节的饭菜讲究年年有余，所以不要吃光桌上的菜肴，不要用自己的筷子在菜盘中挑菜。

10. 拜年时的聊天要领

新年里要多说赞美的话：赞美老人的气色、健康，多给老人讲话的机会；对中青年要多赞美事业、健康、家庭关系；对孩子要多赞美聪慧、学业、礼貌懂事。多谈快乐的事情，少谈抱怨牢骚的话题，皆应"过年言好事，出口称吉祥"。以谈对方为主，不要变成自己的表功会或演讲场；玩笑调侃也应适可而止，掌握好度。即使对主人的家人不太熟悉，也不要忽略，要主动问候、打招呼。

二、元宵节礼仪

元宵节，农历正月十五，又称上元节、小正月、元夕或灯节，英文名称为 Lantern Festival，是春节后第一个重要节日。正月是农历的元月，古人称夜为"宵"，所以把正月的第一个月圆之夜称为元宵节。元宵节是中国人、海外华人以及其他汉字文化圈地区人民的传统节日之一。

2008 年 6 月，元宵节入选第二批国家级非物质文化遗产名录。中国古俗中，上元节（天官节、元宵节）、中元节（地官节、盂兰盆节）、下元节（水官节）合称三元。

（一）元宵节的由来

元宵节始于 2000 多年前的汉朝。汉武帝时，"太一神"祭祀活动定在正月十五（太一：主宰宇宙一切之神）。司马迁创建"太初历"时，就已将元宵节确定为重大节日。

东汉明帝时期，汉明帝提倡佛教，听说佛教有正月十五观佛舍利、点灯敬佛的做法，就命令这一天夜晚在皇宫和寺庙里点灯敬佛，令士族庶民都挂灯，形成了元宵赏灯。以后这种佛教礼仪节日逐渐转变成民间盛大的节日。该节经历了由宫廷到民间、由中原到全国的发展过程。吃元宵、闹花灯、舞龙、耍狮子等是元宵节的重要习俗。

（二）元宵节习俗

1. 吃元宵

正月十五吃元宵，元宵作为食品，在我国由来已久。北方滚元宵，南方包汤圆，元宵以白糖、玫瑰、芝麻、豆沙、黄桂、核桃仁、果仁、枣泥等为馅，用糯米粉包裹，可荤可素，风味各异。可汤煮、油炸、蒸食，寓意热热火火、团团圆圆。

2. 闹花灯

闹花灯是元宵节的传统习俗，始于西汉，兴盛于隋唐。民间有闹灯、打灯、观灯习俗，故又称之为"灯节"。正月十五，明月高悬、彩灯万盏，到处花团锦簇、灯光摇曳，人们祈求天官赐福。元宵节的节期与节俗活动，是随历史的发展而延长、扩展的。就节期长短而言，汉代才一天，到唐代已为三天，宋代则长达五天，

明代更是自初八点灯，一直到正月十七的夜里才落灯，是中国历史上最长的灯节。与春节相接，白昼为市，热闹非凡，夜间燃灯，蔚为壮观。特别是那精巧、多彩的灯火，更使其成为春节期间娱乐活动的高潮。

"送花灯"简称为"送灯"，其实质就是送孩儿灯。就是说在元宵节前，娘家送花灯给新嫁女儿家，或一般亲友送给新婚不育之家，以求添丁吉兆，因为"灯"与"丁"谐音。表示希望女儿婚后吉星高照、早生麟子；如女儿怀孕，则除大宫灯外，还要送一两对小灯笼，祝愿女儿孕期平安。

3. 猜灯谜

猜灯谜是中国独有的一种富有民族风格的传统民俗文娱活动形式，是从古代就开始流传的元宵节特色活动。每逢正月十五，传统民间都要挂起彩灯，燃放烟火；人们把灯谜写在纸条上，贴在多彩的灯上供人猜。因为谜语既能启迪智慧又迎合节日气氛，所以响应的人众多，尔后猜灯谜逐渐成为元宵节不可缺少的节目。

曹雪芹在《红楼梦》中描写元妃省亲时亲自出灯谜儿命大家猜，并且每人也作一个。在元宵夜宴中描写道："一时传人一担一担的挑进蜡烛来，各处点灯"，"只见院内各色花灯烂灼，皆系纱绫扎成，精致非常"，"只见园中香烟缭绕，花彩缤纷，处处灯光相映，时时细乐声喧，说不尽这太平景象，富贵风流"，"只见清流一带，势若游龙，两边石栏上，皆系水晶玻璃各色风灯，点的如银花雪浪；上面柳杏诸树虽无花叶，然皆用通草绸绫纸绢依势作成，粘于枝上的，每一株悬灯数盏；更兼池中荷荇凫鹭之属，亦皆系螺蚌羽毛之类作就的。诸灯上下争辉，真系玻璃世界，珠宝乾坤。船上亦系各种精致盆景诸灯，珠帘绣幕，桂楫兰桡，自不必说"，"早见灯光火树之中，诸般罗列非常"……各种欢庆方式中，吃元宵、放烟火都是元宵节独特的民俗活动；行酒令、看戏赏钱、说书、弹曲、莲花落等虽不是元宵节必需的民俗活动，但也是当时贵族节庆期间常备的庆贺方式。

4. 耍龙灯

龙舞流行于中国很多地方。中华民族崇尚龙，把龙作为吉祥的象征。

5. 舞狮子

舞狮子是中国优秀的民间艺术，每逢元宵佳节或集会庆典，民间都以狮舞来助兴。

现在，元宵节活动也很多。参加

时，要注意防火，不要乱丢烟头。在公共场合，要遵守秩序，不要拥挤踩踏，不要破坏公共财物。带孩子外出的家长要带好孩子，以防走失。我国人民的素质在大幅度提高，人人讲公德，人人讲礼仪，给元宵节增添了很多新的乐趣。

三、寒食节礼仪

寒食节，清明节前一日（一说清明节前两日），英文名称：Cold Food Festival。寒食节亦称"禁烟节""冷节""百五节"。每到初春季节，气候干燥，容易引起火灾，古人在这个季节要进行隆重的祭祀活动。在这段无火的日子里，人们必须准备充足的熟食，以冷食度日，即为"寒食"，故而称之为"寒食节"。

（一）寒食节的由来

寒食节是为纪念春秋时期的名臣义士介子推。史载，晋文公重耳流亡期间，介子推始终陪伴左右，曾经割股为他充饥。晋文公归国为君后，分封群臣，介子推不愿受赏，携老母隐居于绵山。后来晋文公亲自到绵山恭请介子推，介子推不愿为官，躲避山里。晋文公为逼介子推露面，知道介子推是个大孝子，于是根据别人的建议，火烧绵山，留出一条小道，以为林中起火后，介子推母子定会出山避火。可是，火一连烧了三天三夜，数十里森林被火烧为焦土，仍未见介子推母子的人影。大火熄灭之后，人们发现母子俩抱住一棵大树被烧死了。晋文公望着介子推的尸体哭拜一阵，然后安葬遗体，发现介子推脊梁堵着一个树洞，洞里好像有什么东西。掏出一看，原来是片衣襟，上面题了一首血诗："割肉奉君尽丹心，但愿主公常清明。柳下作鬼终不见，强似伴君作谏臣。倘若主公心有我，忆我之时常自省。臣在九泉心无愧，勤政清明复清明。"晋文公对此内疚于心，十分惋惜，便下令把介子推母子葬于绵山，改绵山为介山，并修建子推祠堂。后人又把界休县改为介休县。介子推死的时候，正值清明节的前一天。为了纪念介子推，在其死难之日不生火做饭，要吃冷食，称为寒食节。

（二）寒食节的流传

古代的人们都非常崇敬介子推的气节。寒食禁火的习俗，被后人流传下来，就形成了寒食节这个特殊的纪念节日。

寒食节从晋国开始后，延续了不少年代。汉代以前，寒食节禁火的时间较长，以一个月为期。整整一个月都吃冷食，对身体实在不利，汉代改为3天。

从先秦到南北朝时期，寒食节都被当作重大的节日。唐朝时也仍然将其作为全国性的隆重节日，不少文人墨客都写过关于寒食节的诗文。唐代诗人王表有诗："寒食花开千树雪，清明日出万家烟。"又有对联"寒食雨传百五日；花信风来廿四春。"古人常把寒食节的活动延续到清明，久而久之，人们便将寒食与清明合二为一或者说寒食节成了清明节的一部分。明清时期，寒食节期间已经不再禁火，也不要求人们寒食了。

（三）现代寒食节

到了现代，寒食节与清明节连在一起过节。在寒食节期间，人们一般会搞节日活动，一家人的活动以户外游玩娱乐为主，如祭扫、踏青、秋千、植树、赏花、放风筝等户外活动。

出席寒食节活动时的礼仪，以尊重地方及民族习俗为宜。

四、清明节礼仪

清明节又叫踏青节、三月节、祭祖节、扫墓节、扫坟节、鬼节等，英文名称：Tomb-Sweeping Day。它与七月十五的中元节、十月初一的寒衣节，并称为中国三大著名"鬼节"。公历4月5日前后为清明节，是二十四节气之一。在二十四个节气中，既是节气又是节日的只有清明。在仲春和暮春之交。清明前后，气温变暖，降雨增多，正是春耕春种的大好时节，所以清明对于农业生产而言是一个重要节气。清明最早只是一种节气的名称，有"清明前后，种瓜种豆""植树造林，莫过清明"的农谚。

2006年5月20日，中国文化部申报的清明节经国务院批准列入第一批国家级非物质文化遗产名录。

清明节是中国最重要的传统节日之一。它不仅是人们祭奠祖先、缅怀先烈的节日，也是最重要的祭祀节日之一，还是中华民族认祖归宗的纽带。更重要的是认识先辈，看到自己的不足，感悟人生的价值，也为修正日，每年公历4月4—6日。

（一）清明节的由来

我国传统的清明节大约始于周代，已有2500多年的历史，源于寒食节的由来，介子推死前写给晋文公一首血诗中提及清明：

割肉奉君尽丹心，但愿主公常清明。

柳下作鬼终不见，强似伴君作谏臣。

倘若主公心有我，忆我之时常自省。

臣在九泉心无愧，勤政清明复清明。

清明在开始时是一个很重要的节气，后来，由于清明与寒食的日子接近，而寒食是民间禁火扫墓的日子，渐渐地，寒食与清明就合二为一了。

（二）清明节的习俗

1. 扫墓祭祖

中国历史上，寒食禁火，祭奠先人，早已成为习俗。唐朝之后，清明节扫墓祭祖成了此后延续的传统。唐代诗人杜牧在著名的《清明》中云："清明时节雨纷纷，路上行人欲断魂。借问酒家何处有？牧童遥指杏花村。"

唐朝诗人白居易《寒食野望吟》云："丘墟郭门外，寒食谁家哭。风吹旷野纸钱飞，古墓累累春草绿。棠梨花映白杨树，尽是死生离别处。冥寞重泉哭不闻，萧萧暮雨人归去。"

宋朝诗人高翥也曾于《清明日对酒》中描写道："南北山头多墓田，清明祭扫各纷然。纸灰飞作白蝴蝶，泪血染成红杜鹃。日落狐狸眠冢上，夜归儿女笑镫前。人生有酒须当醉，一滴何曾到九泉！"即使到了今天，人们在清明节前后仍有上坟扫墓祭祖的习俗：铲除杂草，放上供品，于坟前上香祷祝，燃纸钱金锭，或简单地献上一束鲜花，以寄托对先人的怀念。

清明是祭祀逝者的一种活动。清明祭祀很重要。在中国人或者说在华人眼里，祭祖是和孝道绑定在一起的。若是不参加祭祖，就是一个不孝顺的人、一个忘记祖先的人。清明拜山指的是扫墓，南方诸多墓园在山上，故称为拜山；北方通称为扫墓或上坟。

清明扫墓的通常程序：按照习俗，祭扫的顺序是首先扫墓，就是将墓园打扫干净。其次祭祀，扫墓时，人们携带酒食果品、纸钱等物品到墓地，将食物供祭在亲人墓前，再将纸钱焚化，为坟墓培上新土、修整坟墓，折几枝嫩绿的新枝插在坟上，还要在上边压些纸钱，让他人看了，知道此坟尚有后人，然后叩头行礼祭拜。之后围坐聚餐饮酒；也可放风筝，甚至互相比赛，进行相关活动。妇女和小孩们还要就近折些杨柳枝，将撤下的蒸食供品用柳条穿起来。有的则把柳条编成罗圈状，戴在头上，谓"清明不戴柳，来生变黄狗"。即修正墓地——上香——上肉——敬酒——

拜祭——放炮送别。

清明扫墓的时间：各地都有一些当地的习俗，我们要尊重这些习俗。另外，对于某些习俗来说，给去世一年内的亲人扫墓和给已经去世超过一年的亲人扫墓，时间上也有些差异。要遵守当地的相关习俗去做。

清明女性扫墓：通常来说怀孕的妇女要避开清明拜山活动。严格说来，女性来例假时，最好也不要参加此类活动。特别是不能在下午3点后参加清明拜山活动。南北方对于扫墓的习俗略有不同，比如：南方通常儿女均前往扫墓，而北方一些地方则通常女儿不前往扫墓，如果是出嫁的女儿则随夫前往扫墓。

清明祭扫仪式本应亲自到墓地去举行，但由于种种原因，很多人不能回乡参加清明拜山活动，那么也可以在家拜祖先。方法是在家里阳台或客厅，朝家乡方向，摆上祭拜用的食品，烧上三支香，鞠躬三次，默念相关词语。然后，烧纸钱祭祀。

清明节悼念逝者选合适花：通常是菊花，因为我国古代把菊花当作寄托之花，有思念和怀念的含义。白色菊花是最适合的，也可以搭配一些绿草，或用百合、康乃馨等，会更漂亮。

扫墓之前饮食：扫墓之前最好禁食。当动身开始扫墓，就最好不吃食物或食素，而且要衣着整齐，以表示对先人的礼貌和尊重。

扫墓时所需物品：除了将带来的香烛冥镪、鲜花果品、酒等物及先人生前喜欢吃的东西（祭祀礼品多寡随意）摆放在墓前外，还要燃点香烛，奉香给看管墓地的山神土地，因为山神土地是墓地的守护神。此后才是恭敬地向先人叩拜上香献花，然后燃烧冥镪，奠酒（即将酒洒在地上，代表向先人敬酒），礼毕，可以聚餐饮酒，待香烛点完后可离开。

拜祭要分先后次序。依次为父亲、母亲、长男、长女、次男、次女，以此类推。拜祭完毕后，祭品让祖先祝福过，众人可食取祭品。要注意防火安全，待香烛点完后可离开。

扫墓时注意事项：

不可跨过坟墓及供品、大声喧哗、嬉笑怒骂、污言秽语、乱跑乱碰、随处小便，否则是对自己的先人不尊敬；更不能践踏别家坟墓或对墓穴设计评头论足，否则会被视为亵渎。

在中国，祭祖并不只是纪念祖先，而是明显带有敬拜、祈求的意思。

特别提醒：在先人墓地照相要谨慎，无论是扫墓者自身合影，还是扫墓者与墓地合影。更忌讳照相时将其他坟墓拍进镜头。

最好不要在清明节当天去探视亲朋好友，隔天去探视为宜。

忌穿大红大紫的衣服，应穿上素色的服饰。另外，不要佩戴红色的配饰（本命年者除外）。

不要大声喧哗、嬉戏、说不吉利的话，更不能说对亡者不敬的话，晚上活动要谨慎。

现今国家提倡文明祭扫，杜绝上坟烧纸。

2. 缅怀先烈

清明节祭扫烈士墓和革命先烈纪念碑，已成为进行革命传统教育的好形式。通过祭扫烈士墓，真正了解革命先烈们为了革命成功而努力战斗的艰辛历程，认识到我国人民坚强不屈、勤劳勇敢的品质。学习革命先烈不畏艰难、艰苦朴素的作风；教育学生缅怀革命先烈，发奋学习，将来为祖国做贡献；发扬革命传统，树立远大理想。

烈士陵园扫墓注意事项：不要穿过于鲜艳的衣服、化过浓的妆、佩戴夸张的佩饰，要以素雅为主。进入陵园后应庄重严肃，低声说话，禁止嬉笑打闹。需要向烈士纪念碑敬献花圈，默哀。遵守馆内负责人的活动安排和调度。列队进入纪念馆，参观过程中应安静、严肃。爱护陵园内一草一木，不乱扔垃圾，不损坏公物。

3. 踏青

清明之时，正值春回大地，人们因利乘便，扫墓之余一家老少在山乡野间游乐一番，回家时顺手折几枝叶芽初绽的柳枝戴在头上，其乐融融。也有人特意于清明节期间到大自然去欣赏和领略生机勃勃的春日景象，郊外远足，一抒严冬以来的郁结心胸，这种踏青也叫春游，古代叫探春、寻春。其含义，就是脚踏青草，在郊野游玩，观赏春色。

清明前后正是踏青的好时光，所以其成为清明节俗的一项重要内容。古时妇女平日不能随便出游，清明扫墓是难得的踏青机会，故妇女们在清明节比男人玩得更开心，民间有"女人的清明男人的年"之说。

4. 插柳

清明节是杨柳发芽抽绿的时间，民间有折柳、戴柳、插柳的习俗。人们踏青时顺手折下几枝柳条，可拿在手中把玩，也可编成帽子戴在头上，还可带回家插在门楣、屋檐上。谚语有"清明不戴柳，红颜成皓首""清明不戴柳，死后变黄狗"的说法，说明清明折柳在旧时是很普遍的习俗。据说柳枝具有辟邪的功用，那么插柳戴柳就不仅是时尚的装饰，而且有祈福辟邪之效了。清明插柳也可能与过去寒食节以柳枝乞取新火的习俗有关。今天看来，随意折取柳枝是对树木的一种损害，是不宜提倡的。

清明节插柳植树的风习，一说是纪念发明各种农业生产工具并曾"尝百草"的神农氏；另一说是介子推死时所抱的柳树后来复活，晋文公赐名为清明柳，并将柳折成圈戴在头上，此习俗后传入民间。虽然有着不同的典故源流，但这些风俗仍不离人们对春回大地的喜悦。

5. 牵钩

牵钩是古称，其实就是现代的拔河运动。据说春秋时，楚国为了进攻吴国，以牵钩这种运动来增强人民的体质。主要是一根麻绳，两头分为许多小绳，比赛时，以一面旗为界，一声令下，双方各自用力拉绳，鼓乐齐鸣，双方助威呐喊，热闹非凡。

6. 放风筝

放风筝是清明节人们最喜爱的活动之一。古人相信，若某人生病，可将其病况写或画于扎制的风筝上，用线系着风筝在空中放飞，让它飞至高空就将线剪断，疾病灾难便会随着风筝一起飞走。后来，放风筝逐渐发展成广为流行的郊游娱乐活动。

古人还认为清明的风很适合放风筝。《清嘉录》中说："春之风自下而上，纸鸢因之而起，故有'清明放断鹞'之谚。"对古人来说，放风筝不但是一种游艺活动，而且是一种巫术行为：他们认为放风筝可以放走自己的秽气。所以很多人在清明节放风筝时，将自己知道的所有灾病都写在风筝上，等风筝放高时，就剪断风筝线，让风筝随风飘逝，象征着自己的疾病、秽气都让风筝带走了。

7. 荡秋千

秋千最早叫"千秋"。相传秋千为春秋时齐桓公从北方民族山戎传入，汉以后成为清明及端午节、寒食节等节日的民间游戏。秋千最初是用一根绳子，以手抓绳而荡，后发展成于木架上悬挂两绳，下拴横板。

唐代荡秋千已经是很普遍的游戏，并且成为清明节习俗的重要内容。由于清明荡秋千随处可见，元明清三代定清明节为秋千节，皇宫里也安设秋

千供皇后、嫔妃、宫女们玩耍。

8. 射柳

射柳是一种练习射箭技巧的游戏。据明朝人的记载，就是将鸽子放在葫芦里，然后将葫芦高挂于柳树上，弯弓射中葫芦，鸽子飞出，以鸽子的高度来判定胜负。

9. 蹴鞠

清明节除了祭祖扫墓之外，还有各项户外活动，如踏青、郊游、荡秋千等，在祭奠追思的感伤之余，还融合了欢乐赏春的气氛。在这些活动中，蹴鞠就是一项十分有趣的活动。蹴鞠，就是现代足球的前身，球皮是用皮革做成的，球内用毛塞紧。相传蹴鞠早于商代已有，战国时期流入民间，至汉代更成了军中练身习武的一项运动，并列于兵书。

蹴鞠就是用脚踢球，起源于春秋战国时期的齐国故都临淄，唐宋时期最为繁荣，经常出现"球终日不坠"，"球不离足，足不离球，华庭观赏，万人瞻仰"的情景。《宋太祖蹴鞠图》描绘的就是当时的情景。杜甫《清明二首》中的"十年蹴鞠将雏远，万里秋千习俗同"，也说明了当时蹴鞠活动的普及。在讲求中庸的传统文化背景下，蹴鞠逐渐由对抗性比赛演变为表演性竞技。到了清代，在史籍上有关蹴鞠活动的记载，就寥寥无几了。近年来，蹴鞠的发源地山东淄博又兴起了蹴鞠热，许多市民参与，既锻炼了身体，又传承了 2000 多年的民俗。

清明节中既有祭祖扫墓的悲酸泪，又有踏青游玩的欢笑声，是一个富有特色的节日。

五、端午节礼仪

端午节为每年农历五月初五。因仲夏登高，顺阳在上，五月是仲夏，它的第一个午日正是登高顺阳好天气之日，故五月初五也称为端午节，又称端阳节、五月节、午日节、浴兰节等。端午节与春节、清明节、中秋节并称为中国民间四大传统节日。"端"字有"初始"的意思，因此"端五"就是"初五"，而按照历法，五月正是"午"月，因此"端五"也就渐渐变成了"端午"。2008 年，端午节被列为国家法定节假日。2006 年 5 月，国务院将其列入首批国家级非物质文化遗产名录；2009 年 9 月，联合国教科文组织正式审议并批准中国端午节列入世界非物质文化遗产，端午节成为中国首个入选世界非物质文化遗产的节日。英文名称：Dragon Boat Festival，节日活动有赛龙舟、食粽、挂艾草及蒲叶等。

（一）端午节的由来

赛龙舟和食粽的习俗与纪念屈原有关。

相传屈原倡导举贤授能、富国强兵，力主联齐抗秦，遭到贵族子兰等人的强烈反对。屈原遭谗去职，被赶出都城，流放到沅、湘流域。他在流放途中，写下了流传千古、忧国忧民

的《离骚》《天问》《九歌》等诗篇。这些诗篇独具风貌，影响深远。公元前278年，秦军攻破楚都城。屈原眼看祖国被侵略，心如刀割；他不忍舍弃自己的祖国，于五月初五日写下绝笔作《怀沙》之后，抱石投汨罗江自尽。当地百姓闻讯后，马上划船捞救，一直划至洞庭湖都始终不见屈原遗体。那时恰逢雨天，人们为了打捞屈原遗体，荡舟江河之上，此后就逐渐形成了划龙舟的习俗。百姓们又怕江河里的鱼吃掉屈原的身体，于是纷纷回家拿来米团投入江中，后来就形成了吃粽子的习俗。

古人五月采摘兰草，盛行以兰草汤沐浴、除毒之俗。

屈原《九歌·云中君》云："浴兰汤兮沐芳，华采衣兮若英。"南朝梁人宗懔《荆楚岁时记》云："五月五日谓之浴兰节。"此俗流传至唐宋时代，又称端午为浴兰之月。

迎接伍子胥是端午节的第二个传说，在江浙一带流传很广。这是为了纪念春秋时期的伍子胥。伍子胥名员，楚国人，父兄均为楚平王所杀，后来子胥奔向吴国，助吴伐楚，五战而入楚都郢城。当时楚平王已死，子胥掘墓鞭尸三百，以报杀父兄之仇。吴王阖闾死后，其子夫差继位，大败越国，越王勾践请和，夫差同意。子胥建议，应彻底消灭越国，夫差不听，听信谗言杀了子胥。子胥在死前对邻舍人说："我死后，将我眼睛挖出悬挂在吴京之东门上，以看越国军队入城灭吴。"便自刎而死。夫差闻言大怒，令取子胥之尸体装在皮革里于五月五日投入大江，因此相传端午节亦为纪念伍子胥之日。

（二）端午节的俗礼

1. 龙船竞渡，请龙、祭神

湖南汨罗县，竞赛前必先往屈子祠朝庙，将龙头供在祠中神翁祭拜，披红布于龙头上，再安龙头于船上竞渡，既拜龙神，又纪念屈原。在正式竞渡开始时，气氛十分热烈。近代的龙舟比赛也大抵相同，不过规程稍严

格一些。除了比赛速度外，划龙舟还有其他一些活动，比如龙舟游乡，即在龙舟竞渡时划着龙舟到附近熟悉的村庄游玩、集会。

2. 悬艾叶

艾、菖蒲和蒜被称为"端午三友"。荆楚一带有采艾的习俗。艾与菖蒲中含有芳香油，它们和蒜一样都有杀菌作用。端午期间，时近夏至，正是寒气暑气交互转换之时，从饮食到穿衣、行动都得注意。宝山县有谚语道："未吃端午粽，寒衣不可送；吃了端午粽，还要冻三冻。"江南地区，有的习俗是在端午节饮菖蒲酒，则其药用效能就更为直接。通常是在节前便把菖蒲切碎，伴上雄黄，浸入酒中，节日期间便可饮用。

3. 采药

这是最古老的端午节俗之一。《夏小正》载："此日蓄药，以蠲除毒气。"《岁时广记》卷二十二"采杂药"引《荆楚岁时记》佚文："五月五日，竞采杂药，可治百病。"因端午前后草药茎叶成熟，药性好，才于此日形成采药习俗。

4. 沐兰汤

端午日洗浴兰汤是《大戴礼记》记载的古俗。当时的兰不是现在的兰花，而是菊科的佩兰，有香气，可煎水沐浴。在广东，则用艾、蒲、凤仙、白玉兰等花草；在湖南、广西等地，则用柏叶、大风根、艾、蒲、桃叶等。不论男女老幼，全家都洗，此俗至今尚存，据说可治皮肤病、去邪气。

5. 打马球

击鞠即打马球，是北方端午节的主要竞技娱乐活动之一。相传，唐玄宗李隆基便是这项运动的爱好者。

6. 挂荷包

陈元靓的《岁时广记》引《岁时杂记》提及一种"端五以赤白彩造如囊，以彩线贯之，搐使如花形"。

香囊内有朱砂、雄黄、香药，外包以丝布，清香四溢，再以五色丝线弦扣成索，作各种不同形状，结成一串，形形色色，小巧可爱。在中国南方一些城市，青年男女还用香囊来表达浓浓爱意。

7. 拴五色丝线

在手腕、脚腕、脖子上拴由红、黄、蓝、白、黑五种颜色的丝线合并成的缕索五色线。据说，戴五色线的儿童可以避开蛇蝎类毒虫的伤害；将五色线扔到河里，意味着让河水将瘟疫、疾病冲走，儿童由此可以保安康。

8. 祭祀

各种祭祀、纪念仪式，有点香烛，烧纸钱，供以鸡、米、肉、供果、粽子等。如今这些含有迷信色彩的仪式已很少见，但在过去，人们祭祀龙神庙时气氛很严肃，多祈求农业丰收、风调雨顺、去邪祟、攘灾异、事事如意，也保佑行船平安。用人们的话说就是"图个吉利"，表达人们内心良好的愿望。

9. 吃五毒饼，画五毒图

五毒指的是蟾蜍、蛇、蜈蚣、蝎子、壁虎。人们在这一天在饼上印上五种毒虫，当天吃下去，希望可以避开这几种毒虫所带来的瘟疫。

五毒图是为了让虫子们在看见有同类后，直接走开，不再靠近这一家。

（三）端午节传统食俗

1. 粽子

端午食的主角——粽子，在东汉就已出现。不过一直到晋朝，粽子才成为端午的应节食品。《风土记》曰："五月五日，与夏至同，……先此二节一日，又以菰叶裹黏米，杂以粟，以淳浓灰汁煮之令熟。"

粽子，又叫作"角黍""筒粽"。其由来已久，花样繁多。端午节的早晨家家吃粽子纪念屈原。一般是前一天把粽子包好，在夜间煮熟，早晨食用。包粽子主要是用河塘边盛产的嫩芦苇叶，某些地区也有用竹叶的，统称粽叶。粽子的传统形式为三角形，一般根据内瓤命名，包糯米的叫米粽，米中掺小豆的叫小豆粽、掺红枣的叫枣粽，统称糯米粽。因为枣粽谐音为"早中"，所以吃枣粽的最多，意在读书的孩子吃了可以早中状元。

2. 饮雄黄酒

端午饮雄黄酒的习俗，从前在长江流域地区极为盛行。古语曾说："饮了雄黄酒，病魔都远走。"雄黄是一种矿物质，俗称鸡冠石，其主要成分是硫化砷，并含有汞，有毒。一般饮用的雄黄酒，只是在白酒或自酿的黄酒里加入微量雄黄而成，无纯饮的。雄黄酒有杀菌驱虫解五毒的功效，中医还用来治皮肤病。在没有碘酒之类消毒剂的古代，用雄黄泡酒，可以祛毒解痒。未到喝酒年龄的小孩子，大人则给他们的额头、耳鼻、手足心等处涂抹上雄黄酒，意在消毒防病，蚊虫不叮。

3. 吃五黄

江浙一带有端午节吃五黄的习俗。五黄指黄瓜、黄鳝、黄鱼、咸鸭蛋黄、雄黄酒。

4. 吃茶蛋

江西南昌地区，端午节要煮茶蛋和盐水蛋吃。蛋有鸡蛋、鸭蛋、鹅蛋。将蛋壳涂上红色，用五颜六色的网袋装着，挂在小孩子的脖子上，意为祝福孩子逢凶化吉，平安无事。

六、七夕节礼仪

七夕节，农历七月初七，又名七巧节或七姐诞，英文名称：Double Seventh Festival。2006 年 5 月 20 日，七夕节被中华人民共和国国务院列入第一批国家非物质文化遗产名录。七夕节被誉为中国古代妇女节；由于牛郎织女的故事融入了该节日，它又被誉为中国的情人节。

（一）七夕节的由来

七夕节始于牛郎织女的传说，这是一个很美丽的、千古流传的爱情故事，是我国四大民间爱情传说之一。

相传在很早以前，南阳城西牛家庄里有一个聪明、忠厚的小伙子，父母早亡，只好跟着哥哥嫂子度日。一年秋天他去放牛，有个须发皆白的老人出现在他的面前，让他去伏牛山里好好喂养一头病倒的老牛。

牛郎翻山越岭，走了很远的路，终于找到了那头有病的老牛。牛郎看到老牛病得厉害，就去给老牛打来一捆捆草，一连喂了三天。老牛吃饱了，才抬起头告诉牛郎：它本是天上的灰牛大仙，因触犯了天规被贬下天来，摔坏了腿，无法动弹。它的伤需要用百花的露水洗一个月才能好。牛郎不畏辛苦，细心地照料了老牛一个月，白天为老牛采花接露水治伤，晚上依偎在老牛身边睡觉。到老牛病好后，牛郎高高兴兴地赶着牛回了家。

一天，天上的织女和诸仙女一起下凡游戏，在河里洗澡。牛郎在老牛的帮助下认识了织女，二人互生情意。后来织女便偷偷下凡，来到人间，做了牛郎的妻子。织女还把从天上带来的天蚕分给大家，并教大家养蚕，抽丝，织出又光又亮的绸缎。

牛郎和织女结婚后，男耕女织，情深意重，他们生了一男一女两个孩子，一家人生活得很幸福。但是好景不长，这事很快便让天帝知道，王母娘娘亲自下凡来，强行把织女带回天上，恩爱夫妻被拆散。

牛郎上天无路。还是老牛告诉牛郎，在它死后，可以用它的皮做成鞋，穿着就可以上天。牛郎按照老牛的话做了，穿上用牛皮做的鞋，拉着自己的儿女，一起腾云驾雾上天去追织女。眼见就要追到了，岂知王母娘娘拔下头上的金簪一挥，一道波涛汹涌的天河就出现了，牛郎和织女被隔在两岸，只能相对哭泣流泪。他们的忠贞爱情感动了喜鹊，千万只喜鹊飞来，搭成鹊桥，让牛郎织女走上鹊桥相会。王母娘娘对此也无奈，只好允许两人在每年七月七日于鹊桥相会。

后来，每到农历七月初七——相传牛郎织女鹊桥相会的日子，姑娘们就会来到花前月下，抬头仰望星空，寻找银河两边的牛郎星和织女星，希望能看到他们一年一度的相会，乞求上天能让自己像织女那样心灵手巧，祈祷自己能有如意称心的美满婚姻，由此便形成了七夕节。

（二）七夕节的俗礼

七夕节的俗礼有：祈福、穿针乞巧、种生求子、为牛庆生、晒书晒衣、拜织女、拜魁星、吃巧果、染指甲、妇女洗发、结扎巧姑等。

拜织女是少女、少妇们的活动，大都是五六人预先和自己的朋友或邻里们约好。仪式是于月光下摆一张桌子，桌子上置茶、酒、水果、五子（桂圆、红枣、榛子、花生、瓜子）等祭品；又有鲜花几朵，束红纸，插在瓶子里，花前置一个小香炉。约好参加拜织女的少妇、少女们，斋戒一天，沐浴停当，准时到主办者的家里来。于案前焚香礼拜后，大家一起围坐在桌前，一边吃花生、瓜子，一边朝着织女星座，默念自己的心事。如少女们希望长得漂亮或嫁个如意郎、少妇们希望早生贵子等，都可以向织女星默祷。

穿针乞巧是最早的乞巧方式，始于汉，流于后世。《西京杂记》说："汉彩女常以七月七日穿七孔针于开襟楼，人具习之。"现代我国不少地方还沿袭了这一习俗。每年的七夕节，姑娘们手执彩线对着灯影将线穿过针孔，能一口气穿七枚针孔者叫得巧，被称为巧手，穿不到七个针孔的叫输巧。七夕之后，姑娘们将制作的小工艺品、玩具作为礼物互相赠送，以示友情。

染指甲系流传在中国西南一带的七夕习俗。四川、贵州、广东等地，多有此风。许多地区的年轻姑娘，喜欢在节日时用树的浆液兑水洗头发，传说不仅可以年轻美丽，而且对未婚的女子，还可以尽快找到如意郎君。用花草染指甲也是大多数女子与儿童们在节日娱乐中的一种爱好，也与生育信仰有密切的关系。

巧果又名"乞巧果子"，款式极多，主要材料是油面糖蜜。《东京梦华录》中称之为"笑厌儿""果食花样"。图样则有捺香、方胜等。宋朝时，市街上已有七夕巧果出售。现代不少地方还沿袭做巧果的习俗。

七、中秋节礼仪

中秋节，农历八月十五，又称月夕、秋节、仲秋节、追月节或团圆节，是流行于中国众多民族与汉字文化圈诸国的传统文化节日，英文名称：Mid-Autumn Festival。2008年起，中秋节被列为国家法定节假日。2006年5月20日，中秋节被国务院列入首批国家级非物质文化遗产名录。

中秋节盛行于宋朝，至明清时，已成为与春节齐名的主要节日之一。受中华文化的影响，中秋节也是东亚和东南亚一些国家尤其是当地华人华侨的传统节日。

中秋节自古便有祭月、赏月、拜月、吃月饼、赏桂花、饮桂花酒等习俗，一直流传至今。

（一）中秋节的起源

一说中秋节起源于古代帝王的祭祀活动。《礼记》早有记载："天子春朝日，秋夕月。"夕月就是祭月亮，说明古人早就开始祭月、拜月了。另一种说法，中秋节的起源和农业生产有关。秋天是收获的季节。"秋"字的解释是："庄稼成熟曰秋。"八月中秋，农作物和各种果品陆续成熟，人们为了庆祝丰收、表达喜悦的心情，就将"中秋"这天作为节日。

（二）中秋节的传统活动

中秋节的活动有祭月、赏月、拜月。《礼记》中的"秋暮夕月"，意为拜祭月神，逢此时则要举行中秋节迎寒和祭月，设香案。中秋赏月的风俗由来已久，许多诗人的名篇中都有咏月的诗句，如宋代文豪苏轼的名篇《水调歌头》："明月几时有，把酒问青天。"

中秋节这一天正值秋分前后，昼夜一样长，加之秋高气爽，故月亮最圆、最亮。又是秋收的黄金季节，明亮的月亮代表团圆，人们赋予它吉祥美好、合家团圆之意，饮酒赏月、吟诗作画。一般人们在赏月时要吃水果，月饼取其形如月，所含馅料味美，寓意团圆美好；水果香甜又值丰收季节，寓意甜甜蜜蜜、收获满满。

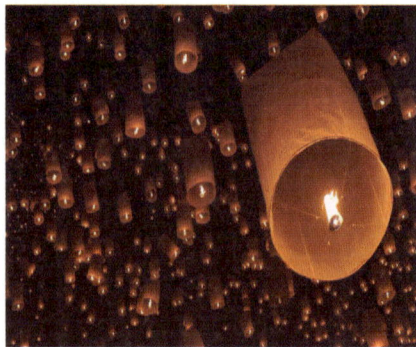

观潮：江浙一带除中秋赏月外，观潮可谓是又一中秋盛事。中秋观潮，中央电视台也每每给予盛大的报道。

燃灯：中秋之夜，有燃灯以助月色的风俗。从古至今，中秋燃灯的规模仅次于元宵节。

吃月饼：中秋赏月和吃月饼是中国各地过中秋节的必备习俗。赏月和吃月饼，寓意家人团团圆圆，寄托思念；同时，月饼也是中秋时节朋友间用来联络感情的重要之物。

（三）中秋节的传说

1. 嫦娥奔月

嫦娥奔月是中国古代汉族神话传说故事，讲述了嫦娥被逼无奈吃下西王母赐给丈夫后羿的不死之药后飞到月宫的事情。

相传，远古时候天上有十日同时出现，晒得庄稼枯死，民不聊生。一个名叫后羿的英雄，力大无穷，他同情受苦的百姓，登上昆仑山顶，运足神力，拉开神弓，一气射下九个太阳，并严令最后一个太阳按时起落，为民造福。后羿因此受到百姓的尊敬和爱戴。后羿娶了一个美丽善良的妻子，名叫嫦娥。后羿除传艺狩猎外，终日和妻子在一起，人们都羡慕这对郎才女貌的恩爱夫妻。

一天，后羿到昆仑山访友求道，巧遇由此经过的王母娘娘，王母给了他一颗不死药。据说，服下此药，能即刻升天成仙。然而，后羿舍不得撇下妻子，只好暂时把不死药交给嫦娥珍藏。嫦娥将药藏进梳妆台的百宝匣里，不料被小人蓬蒙看见了，他想偷吃不死药自己成仙。三天后，后羿率众徒外出狩猎，心怀鬼胎的蓬蒙假装生病，留了下来。待后羿率众人走后不久，蓬蒙手持宝剑闯入内宅后院，威逼嫦娥交出不死药。嫦娥知道自己不是蓬蒙的对手，危急之时当机立断，转身打开百宝匣，拿出不死药一口吞了下去。嫦娥吞下药，身子立刻飘离地面，冲出窗口，向天上飞去。由于嫦娥牵挂着丈夫，便飞落到离人间最近的月亮上成了仙。

傍晚，后羿回到家，侍女们哭诉了白天发生的事。后羿既惊又怒，抽剑去杀恶徒。蓬蒙早逃走了，后羿气得捶胸顿足，悲痛欲绝，仰望着夜空呼唤爱妻的名字。这时他惊奇地发现，当天的月亮格外皎洁明亮，而且有个晃动的身影酷似嫦娥。他拼命朝月亮追去，可是他追三步，月亮退三步，他退三步，月亮进三步，无论怎样也追不到跟前。后羿无可奈何，又思念妻子，只好派人到嫦娥喜爱的后花园里，摆上香案，放上她平时最爱吃的蜜食鲜果，遥祭在月宫里眷恋着自己的嫦娥。百姓们闻知嫦娥奔月成仙的消息后，纷纷在月下摆设香案，向善良的嫦娥祈求吉祥平安。从此，中秋节拜月的风俗就在民间传开了。

2. 吴刚伐桂

抬头仰望明月，可见当中有些黑影，这便是传说中的吴刚在伐桂。传说吴刚是天庭中的一个粗鲁的天将，被嫦娥的美丽深深吸引。他不顾对方的拒绝，一次又一次地跑到月宫纠缠。嫦娥不堪其扰，于是指向月中桂树说，它枝条太长了，今夜吴刚若能将它砍断，便答应吴刚的追求。吴刚心花怒放，心想这算什么难题，抢起斧头就砍。可每次拔出斧头，桂树的树身便恢复如初。于是他一斧又一斧地砍，桂树却总是不断。

（四）中秋节的注意事项

月饼最好自己做，如果自己做不了就要在专营店及大的商城购买。水果要购买新鲜的，一般购买西瓜、葡萄、枣、梨子、苹果等。在吃月饼时注意不要贪食，吃水果时要少吃性寒的。

中秋节在中国人心中的分量仅次于春节，故中秋节如果没有特殊的事人们一定会与家人团圆赏月。现如今，月下游玩的习俗，已远没有旧时盛行，但设宴赏月仍很盛行，人们把酒问月，庆贺美好的生活，或祝远方的亲人健康快乐，和家人千里共婵娟。中秋节的习俗很多，形式也各不相同，但都寄托着人们对生活无限的热爱和对美好生活的向往。

八、重阳节礼仪

农历九月初九为中国传统的重阳节。《易经》中把"六"定为阴数，把"九"定为阳数，九月九日，日月并阳，两九相重，故曰重阳，也叫重九。"老吾老，以及人之老，幼吾幼，以及人之幼。天下可运于掌。"从孟子的话中对中国敬老的传统可见一斑。的确，敬老之礼在我国被极为重视。1989 年，我国政府将农历九月九日定为老人节，倡导全社会树立尊老、敬老、爱老、助老的风气。2006 年 5 月 20 日，重阳节被国务院列入首批国家级非物质文化遗产名录。英文名称：Double Ninth Festival，重阳在民众生活中成为夏冬交接的时间界标，重阳辞青意味着秋寒新至，人们即将休养生息。

（一）重阳节的由来

重阳节来源于古代祭祀大火的仪式。古人对火有莫名的恐惧，因而也常敬畏和祭拜火神，认为火神的休眠意味着漫漫长冬的到来。因此，在

"内火"时节，人们要举行相应的送行祭仪。九月祭火的仪式虽然逐渐衰亡，但人们对九月由阳气的衰减而引起的自然物候变化仍然有着特殊的感受，因此登高避忌的古俗依旧流传。

（二）重阳节的俗礼

1. 赏秋登高

重阳节是最好的赏秋时期，秋高气爽，随着果蔬的成熟，人们赏秋出游，正当其时。金秋九月，天高气爽，登高远望可达到心旷神怡、健身祛病的目的。还有吃重阳糕、赏菊、佩茱萸、饮菊花酒等活动。古人非常重视重阳节，为其所做的诗句有很多，如唐代诗人王维的《九月九日忆山东兄弟》："独在异乡为异客，每逢佳节倍思亲。遥知兄弟登高处，遍插茱萸少一人。"

2. 求长寿

重阳节礼仪还在于求长寿。重阳节的起源还有一种说法，据说汉高祖刘邦的爱妃戚夫人被吕后害死后，她身边的侍女受到牵连并被赶出皇宫，流落到民间，嫁给了一个贫民。由于她在宫中每年都过重阳节，节日期间插茱萸、饮菊花酒等，以求长寿，所以嫁人之后，她在这一天同样按照宫里的规矩过重阳节。人们听说后纷纷效仿，于是这种习俗就在民间生根发芽了。

3. 敬老

中国古时就有敬老礼，敬老礼为的是"社会敬老，儿女孝亲"。《礼记·乡饮酒义》曰："民知尊老、敬老，而后乃能入孝弟。民入孝弟，出尊长养老，而后成教。成教而后国可安也。"此礼来源于周礼。人到 60 岁后，儿女、单位宜为老人行此礼，以示一生劳苦。古代畅行敬老风，称"乡饮酒礼"。每年重阳节是老人节，适宜组织老人参加一些登高之类的旅游活动；儿女为老人送重阳糕、重阳酒，孙辈献寿桃等。此仪式重现我国自古以来的敬老之风。

4. 对待长辈礼仪

常怀感恩之心。做儿女的应该不忘父母的养育之恩，尽量在物质和精神上予以报答。在老人眼里，子孙似乎永远都是小孩，所以即使老人唠叨，也要不厌其烦。

不干涉老人私事。老人也有自己的社交空间和人情往来，更有自己的感情寄托，作为晚辈不可越俎代庖。子女应将心比心，为老人晚年幸福着想，切忌粗暴干涉。

在细节上体贴入微。要经常嘘寒问暖。问安侍奉，及时添衣备药、祝寿报喜；尽量帮父母扫扫地、刷刷碗；陪他们聊聊天、散散步，帮他们揉揉肩、捶捶腰。

常回家陪陪老人，老人就像孩子一样在精神上需要子女的陪伴。

5. 重阳敬老注意事项

笤帚不要朝着老人扫：扫地时不要朝着老人扫，任何时候笤帚都要朝自己的方向挥动，应该往后退着扫地，不能朝着老人方向往前扫。

应在老人身后走：现代社会是一个竞争的社会，可是生活中现代人讲文明讲礼仪有时就要放弃争先后，尤其是和老人、长辈在一起时。无论是骑车出行还是步行，作为年轻晚辈，都应该注意不要走在老人、长辈的前面，否则有失尊敬。如果步履缓慢的陌生老人挡住你的去路，应该客气地向老人道歉后，再借路而过。

吃饭时先依着老人口味：逢年过节人们都喜欢在饭店吃顿大餐，可是在点菜时很多人不注意规矩，老人还没说话，自己就先点喜爱的菜，殊不知这种行为非常不礼貌。首先，任何时候都应该先让老人开口，等老人点菜完毕后自己再点菜。在这个过程中还要注意多询问老人是否忌口："能不能吃辣？能不能吃甜？"从点滴做起，给老人更多关爱。

在老人面前少提"老"字：有的人在长者面前很不注意，常以"老"自称，叫自己"老王""老李"，或者感叹"岁月催人老"，这样会引得年长者为自己的年老体衰而感到伤感，有失礼节。还需要注意的是，现在有很多老年人不喜欢别人说自己老，老人们在心态上最喜欢别人觉得自己依然正当年，所以称呼老人也要慎用"老"字。

九、冬至节礼仪

冬至是中国农历一个重要的节气，也是中华民族的一个传统节日，时间在每年公历 12 月 21 日至 12 月 23 日之间。这一天是北半球全年中白天最短、夜晚最长的一天。英文名称：the Winter Solstice。冬至又名"一阳生"，意味着寒冬将至。冬至是二十四节气中最早被制订的，自冬至起，白昼一天比一天长，阳气回升，代表下一个循环开始，是大吉之日。冬至又称冬节、贺冬，八大天象类节气之一，与夏至相对。冬至在太阳到达黄经270°时开始。据传，冬至在周朝是新年元旦，曾经是一个很热闹的日子。冬至民俗活动：祭祀先祖，古代还有冬至日大赦天下，这一天有北方吃水饺、南方吃汤圆的习俗。

（一）冬至节的由来

冬至是二十四节气中最早被制订的一个，然而多数人并不知道，冬至居然起源自一次国家层面的都城规划。早在 3000 多年前，周公始用土圭法测影，在洛邑测得天下之中的位置，定此为土中；周公选取的是经土圭法测得的一年中日影最长的一天，为新的一年开始的日子。

人们最初过冬至节是为了庆祝新的一年的到来。古人认为，自冬至起，天地阳气开始兴作渐强，代表下一个循环开始，是大吉之日。因此，后来春节期间的祭祖、家庭聚餐等习俗，也往往出现在冬至。冬至过节源于汉代，盛于唐宋，相沿至今。《清嘉录》甚至有"冬至大如年"之说，这表明古人对冬至十分重视。人们认为，冬至是阴阳二气的自然转化，是上天赐予的福气。汉朝以冬至为"冬节"，官府要举行祝贺仪式——称为"贺冬"，例行放假。《后汉书》中有这样的记载："冬至前后，君子安身静体，百官绝事，不听政，择吉辰而后省事。"所以这天朝廷上下要放假休息，军队待命，边塞闭关，商旅停业，亲朋各以美食相赠，相互拜访，欢乐地过一个安身静体的节日。唐宋时期，冬至是祭天祭祖的日子，皇帝在这天要到郊外举行祭天大典，百姓在这一天要向祖先祭拜，现在仍有一些地方在冬至这天过节庆贺。

（二）冬至节的饮食

过去老北京有"冬至馄饨夏至面"的说法。

相传汉朝时，北方匈奴经常骚扰边疆，百姓不得安宁。当时匈奴部落中有浑氏和屯氏两个首领，十分凶残。百姓对其恨之入骨，于是用肉馅包成角儿，取"浑"与"屯"之音，呼作"馄饨"。恨以食之，并求平息战乱，能过上太平日子。因最初制成馄饨是在冬至这一天，故在冬至这天家家户户吃馄饨。

冬至吃羊肉：现在的人们纷纷在冬至这一天吃羊肉和各种滋补食品，以求来年有一个好兆头。

在江南水乡，有冬至之夜全家欢聚一堂共吃赤豆糯米饭的习俗。

相传，有一个叫共工氏的人，他的儿子不成才，作恶多端，死于冬至这一天，死后变成疫鬼，继续残害百姓。但是，这个疫鬼最怕赤豆，于是，人们就在冬至这一天煮赤豆饭吃，以驱避疫鬼，防灾祛病。

比较常见的是，在中国北方有冬至吃饺子的风俗。俗话说："冬至到，吃水饺。"而南方则是吃汤圆，当然也有例外，如在山东滕州等地冬至习惯叫作数九，流行过数九当天喝羊肉汤的习俗，寓意驱除寒冷。

（三）冬至节的民俗

1. 祭祖习俗

很多地区在冬至这一天有祭天祭祖的习俗，现在仍有一些地方（如江浙、闽南一带）在冬至这天过节庆贺。

2. 预测气象

民间有人以冬至日的天气好坏与来到的先后，来预测往后的天气。俗语说："冬至在月头，要冷在年底；冬至在月尾，要冷在正月；冬至在月中，无雪也没霜。"（这是依据冬至日到来的早晚，推测寒流到来的早晚）俗语还有："冬至黑，过年疏；冬至疏，过年黑。"（意思是：冬至这天如果没有太阳，那么过年一定晴天；反之，如果冬至放晴，则过年就会下雨）。

3. 九九消寒

入九以后，有些文人、士大夫，搞所谓消寒活动：择一"九"日，相约九人饮酒（"酒"与"九"谐音），席上用九碟九碗，成桌者用"花九件"席，以取九九消寒之意。

民间还流行填九九消寒图以消遣。九九消寒图通常是一幅双钩描红书法，上有繁体的"庭前垂柳珍重待春风"九字，每字九画，共八十一画。从冬至开始每天按照笔画顺序填充一个笔画，每过一九填充好一个字，直到九九之后春回大地，一幅九九消寒图才算大功告成。每天填充笔画所用颜色由当天的天气决定，晴则为红，阴则为蓝，雨则为绿，落雪填白。

冬至养身：冬至是养生最重要的节气。主要是因为"冬至一阳生"。冬至到小寒、大寒，是最冷的季节，患心脏病和高血压病的人往往会病情加重，患"中风"者增多，天冷也易冻伤。

因此，在寒冬季节，应采取以下预防措施：注意防寒保暖；要及时增添衣服，衣裤要保暖性能好且柔软宽松，以利血液流畅；合理调节饮食起居，不酗酒、不吸烟、不过度劳累；保持良好的心境，情绪要稳定、愉快，切忌发怒、急躁和精神抑郁；进行适当的御寒锻炼，提高机体对寒冷的适应性和耐寒能力；坚持晚间泡脚才能起到保健养生、防寒保暖的功效；适量进补肉类可中和寒气，加快内分泌，增强机体的抵抗力，以应对严寒；注意养肝、护肝，不可动怒；日常应多吃养肝食物，如菠菜、芹菜、莴笋、大蒜等。

十、腊八节礼仪

腊八节俗称"腊八",即农历十二月初八,古人有祭祀祖先和神灵,祈求丰收吉祥的传统。岁终之月称"腊"的含义大致有三:一曰"腊者,接也",寓有新旧交替的意思;二曰"腊者同猎",指田猎获取禽兽好祭祖祭神,"腊"从"肉"旁,就是用肉"冬祭";三曰"腊者,逐疫迎春"。英文名称:the Laba Rice Porridge Festival。自古以来,腊八是用来祭祀祖先和神灵(包括门神、户神、宅神、灶神、井神)的祭祀仪式,以祈求丰收和吉祥。

民间习俗:祭祀神灵、敬神供佛、驱疫禳灾,自此拉开春节的序幕。人们杀年猪,腌制鸡鱼腊肉,采购年货,年的气氛逐渐浓厚。腊八主要食品有:腊八粥、腊八蒜、腊八面、腊八豆、腊八豆腐等。

我国喝腊八粥的历史,已有 1000 多年。最早开始于宋代,每逢腊八这一天,不论是朝廷、官府、寺院还是黎民百姓家都要做腊八粥。合家团聚在一起食用,同时把腊八粥馈赠亲朋好友,这也是一种情感交流。陆游《食粥》说:"世人个个学长年,不悟长年在目前。我得宛丘平易法,只将食粥致神仙。"

(一) 腊八节的佛教由来

佛教信徒普遍认为这一节日来自佛教。相传这一天是佛祖释迦牟尼的成道之日,称为"法宝节",是佛教盛大的节日之一。

佛教的创始者释迦牟尼本是古印度北部迦毗罗卫国(今尼泊尔境内)净饭王的儿子,他见众生受生老病死等痛苦折磨,又不满当时婆罗门的神权统治,舍弃王位,出家修道。在他形销骨立时,有一个牧羊女送了一盂奶给他。释迦牟尼喝了之后,很快恢复了健康。之后他在尼连河中洗了澡,坐在菩提树下静思,终于在腊月初八这天悟道成佛。后来佛教信徒就在每年腊月初八煮粥供佛,并施舍给百姓。腊月初八就成了佛祖成道纪念日,腊八粥由此流传开来,成为民间的一种习俗。民众都认为喝了寺院的腊八粥后可以得到佛祖的保佑,所以穷人把它叫作佛粥。南宋陆游《十二月八日步至西村》云:"今朝佛粥更相馈,反觉江村节物新。"直到今天,我国仍然有很多寺院保留着腊八节煮粥分施寺院周边居民的习俗。

(二) 腊八节的民俗由来

典籍记载,直到汉代人们才把处在冬末春初、新旧交替之际的农历十二月作为岁终的腊月固定下来，并规定腊月初八为腊祭日。我国喝腊八粥的历史，已有1000多年。在汉代，每逢腊八这一天，不论是朝廷、官府、寺院还是黎民百姓家都要做腊八粥。到了清朝，喝腊八粥的风俗更是盛行。在宫廷，皇帝、皇后、皇子等都要向文武大臣、侍从宫女赐腊八粥，并向各个寺院发放米、果等供僧侣食用。在民间，家家户户也要做腊八粥，祭祀祖先；同时，合家团聚在一起食用，并馈赠亲朋好友。

腊八粥也叫"七宝五味粥"。中国各地的腊八粥，争奇竞巧，品种繁多。在清代以北京的腊八粥最为讲究，掺在白米中的东西较多，如红枣、莲子、核桃、栗子、杏仁、松仁、桂圆、榛子、葡萄、白果、菱角、青丝、玫瑰、红豆、花生等，总计不下20种。人们在腊月初七的晚上，就开始忙碌起来，洗米、泡果、剥皮、去核、精拣，然后在半夜时分开始煮，再用微火炖，一直炖到第二天的清晨，腊八粥才算熬好了。更为讲究的人家，还要先将果子雕刻成人、动物等花样，再放在锅中煮。比较有特色的就是在腊八粥中放上"果狮"。至今我国江南、东北、西北广大地区人民仍保留着吃腊八粥的习俗。冬季吃一碗热气腾腾的腊八粥，既可口又有营养，确实能增福增寿。过了腊八就是年，那一碗充满浓浓亲情的腊八粥满载着美好的愿望。

十一、小年礼仪

详见春节礼仪。

十二、除夕礼仪

详见春节礼仪。

📋 延伸阅读

袁涤非. 现代礼仪［M］.北京:高等教育出版社,2014.

📱 视频链接

1. 中华礼仪之春节礼仪。https://v. qq. com/x/page/w05638irtoj. html。
2. 汉文化婚礼礼仪。https://v. qq. com/x/page/c01879c1wpg. html。

第 三 章

家庭生活礼仪

　　俗话说："家和万事兴。"人生活在世上，不能离开家庭、离开社会。家庭是组成社会的最基本单位，只有每个家庭都和和睦睦，国家才能稳定繁荣。家庭生活的和谐需要每个家庭成员都懂得各成员之间的礼仪之道。本章将从家庭成员礼仪之称谓礼仪、尊敬长辈、亲子礼仪、夫妻礼仪、亲友相处礼仪和会客礼仪之待客礼仪、访客礼仪等方面介绍有关家庭生活礼仪的相关知识。

第一节　家庭成员礼仪

📑 案例导入

　　丰子恺（1898—1975），我国著名的现代画家、文学家、美术和音乐教育家。浙江桐乡人。早年曾学习绘画、音乐。1921 年去日本学习。回国后，先后在上海、浙江、重庆等地从事美术和音乐教学。五四运动以后，即进行漫画创作。

　　有一次，丰子恺到上海为开明书店做一些编辑工作，把女儿丰陈宝也带去了。那时，小陈宝刚刚十三四岁，已经能帮着抄抄写写、剪剪贴贴。带上她，一方面是为了有机会让陈宝打下手；另一方面，也考虑给她一个接触生人的机会。

　　有一天，来了一个陈宝不认识的客人。客人跟丰子恺说完话，要告辞的时候，看到了小陈宝，就转过身来与小陈宝热情地打招呼。小陈宝一下子愣住了，一时间，不知道如何是好，竟没有任何反应，傻呆呆地站在那里，像个木头人似的。送走了客人，丰子恺责备陈宝说："刚才，那位叔叔跟你打招呼告别，你怎么不理睬人家？人家客人向你问好，你也要向人家问好；人家跟你说再见，你也要说再见，以后要记住。"

　　丰子恺在平时生活中，经常跟孩子讲要对人有礼貌，还非常具体细致地给孩子们讲礼仪——待人接物的具体礼节和仪式。每逢家里有客人来的时候，他总是耐心地对孩子们说："客人来了，要热情招待，要主动给客人倒茶、添饭，而且一定要双手捧上，不能用一只手。如果用一只手给客人端茶、送饭，就好像是皇上给臣子赏赐，或是像对乞丐布施，又好像是父母给小孩子喝水、吃饭。这是非常不恭敬的。"

　　他还说："要是客人送你们什么礼物，可以收下，但你们接的时候，要躬身双手去接。躬身，表示谢意；双手，表示敬意。"这些教导，都深深地印在孩子们的心里。

　　丰子恺是名人，家里经常有客人来访。有一次，丰子恺在一家菜馆里宴请一个远道来的朋友，把几个 10 多岁的孩子也带去作陪。孩子们吃饭时，还算有礼貌、守规矩。当孩子们吃完饭，他们之中就有人嘟囔着想先回家。丰子恺听到了，也不好大声制止，就悄悄地告诉他们不能急着回家。事后，丰子恺对孩子们说："我们家请客，我们全家人都是主人，你们几个小孩子也是主人。主人比客人先走，那是对客人不尊敬。就好像嫌人家客人吃得多，这很不好。"孩子们听了，都很懂事地点头。

由此可见，家庭生活礼仪涉及日常生活的方方面面。因此，对于家庭生活礼仪知识的了解是非常必要的。

一、称谓礼仪

日常生活中少不了走亲访友、拜见长辈。然而，让很多年轻人尴尬的是，面对"七大姑八大姨"和"三大爷四大舅"却不知该如何称呼。过年时拜访亲戚，不知如何称呼家中亲戚传统称谓的年轻人不在少数，他们因"六亲不认"也遇到了一些尴尬事。

年轻人认不全自己的亲戚是比较普遍的现象，过年期间总有几个面生的亲戚完全不知道该称呼什么，而大家族中的新媳妇，父母各自的姑姑、姨、舅以及他们的子女被认为是最难认的亲戚。

无法正确地称呼自己的亲戚长辈，也体现出对家族关系的淡漠，更是没有礼貌的表现，应该引起足够的重视，并及时进行纠正。此外，随着二胎政策的全面放开，亲戚会逐渐多起来，正确地引导孩子学会称呼长辈并了解辈分称谓很有必要。

家庭是组成社会的最基本单位，每个家庭不是独立存在的，因为血脉相连的关系，每个家庭成员都会有亲属。家庭成员、亲属之间互相都有固定的称谓。虽然现在独生子女家庭偏多，家庭关系也相对简单，但随着二胎政策的放开，家庭成员的增加，人们还是需要了解和掌握家庭成员之间的具体称谓。称谓指的是以本人为中心确定家族成员和本人关系的名称，是基于血亲姻亲基础上的亲属之间相互称呼的名称、叫法。现如今中国大部分地区使用的称谓都是来源于汉族。为了阐述方便，这里均以"自己"为"轴心"进行讲解。

（一）家族方面的称谓

对自己的父母称"父亲""母亲"；男的自称"男"或"儿"，女的自称"女儿"。

称别人的父亲、母亲谓"令尊""尊翁"和"令堂""老堂"，对别人称自己的父亲、母亲谓"家严""家父"和"家慈""家母"。

对自己已故的父亲、母亲称"考"和"妣"，对别人称自己已故的父母谓"先严""先父""府君"和"先慈""先母"。

对自己父母的父母称"祖父""祖母";男的自称"孙"或"孙儿",女的自称"孙女"。

称别人的祖父、祖母谓"令祖父"和"令祖母",对别人称自己的祖父、祖母谓"家大父"和"家大母"。

对自己已故的祖父、祖母称"先大父"和"先大母",或者称"王考"和"王妣"。

对自己的曾祖父母称"曾祖父""曾祖母";男的自称"曾孙",女的自称"曾孙女"。

称别人的曾祖父、曾祖母谓"令曾祖"和"令曾祖母",对别人称自己的曾祖父、曾祖母谓"家曾祖"和"家曾祖母"。

对自己曾祖父母的父母称"高祖父"和"高祖母";男的自称"元(玄)孙",女的自称"元(玄)孙女"。

对父亲的兄嫂称"伯父""伯母",对父亲的弟弟、弟媳称"叔父""叔母";男的自称"侄",女的自称"侄女"。

称别人的伯父母、叔父母谓"令伯""令叔""令伯母""令叔母",对别人称自己的伯父母、叔父母谓"家伯""家叔""家伯母""家叔母"。

如果伯叔很多,称"几伯""几叔""几伯母""几叔母"。

对父亲的伯父母、叔父母称"伯祖父""叔祖父""伯祖母""叔祖母";男的自称"侄孙",女的自称"侄孙女"。

称别人的前面加一个"令"字,对别人称自己的前面加一个"家"字。

对同胞兄弟姊妹称"兄""弟""姐""妹"或依排行加一个"几"字,男女自称同理。对同族的兄弟姊妹称"堂兄""堂弟""堂姐""堂妹",也称叔伯兄弟姊妹,或依排行加一个"几"字;男女自称同理。

称别人的"兄""弟""姐""妹"前面加一个"令"字;对别人称自己的"兄""姐"前面加一个"家"字,"弟""妹"前面加一个"舍"字。男女自称同理。

对自己的配偶,男称女谓"妻""妻子""贤内助",自称"夫";女称男谓"夫""婿",自称"妻""妻子"。

称别人的配偶,对男方可称"兄"道"弟",对女方称"嫂""嫂夫人""弟媳""弟妹"。如果兄弟姊妹较多,前面加一个排行位数。

对自己的子女称"儿""女儿",自称"父"或"母"。

称别人的儿子谓"令郎",女儿谓"令爱";对别人称自己的儿子谓

"小儿""犬子"，女儿谓"小女"，儿子媳妇谓"儿媳"。

对兄弟的子女称"侄""侄女"或在前面加一个"贤"字，男的自称"伯""叔"，女的自称"姑"，如已嫁人则称"姑母"。

称别人兄弟的子女，在"侄""侄女"前面加一个"令"字，在自称的前面加一个"愚"字。

对同姓而非同一家族的长者、祖辈、长辈、同辈，均按照前面所述相称，写信问候前面要加一个"宗"字，表示是一个宗族。

（二）亲属方面的称谓

对父亲的姊妹及其丈夫称"姑父""姑母"；男的自称"内侄"，女的自称"内侄女"，单对姑母就自称"侄""侄女"。

称别人的姑父、姑母，前面加一个"令"字；对别人称自己的姑父、姑母，前面加一个"家"字。

对祖父的姊妹及其丈夫称"姑祖父""姑祖母"或"姑爷""姑奶"；男的自称"内侄孙"，女的自称"内侄孙女"，单对姑奶就自称"侄孙""侄孙女"。

称别人的姑祖父、姑祖母，前面加一个"令"字；对别人称自己的姑祖父、姑祖母，前面加一个"家"字。

对祖母的姊妹及其丈夫称"姨祖父""姨祖母"或"姨爷""姨奶"；男的自称"甥孙"，女的自称"甥孙女"。

称别人的姨祖父、姨祖母，前面加一个"令"字；对别人称自己的姨祖父、姨祖母，前面加一个"家"字。

对母亲的父母，称"外祖父""外祖母"或"姥爷""姥姥"；男的自称"外孙"，女的自称"外孙女"。

称别人的"外祖父""外祖母"，前面加一个"令"字；对别人称自己的"外祖父""外祖母"，前面加一个"家"字。

对母亲的兄弟及其妻子称"舅父""舅母"；男的自称"甥""外甥"，女的自称"甥女""外甥女"。

对母亲的姊妹及其丈夫称"姨父""姨母"；男的自称"甥""外甥"，女的自称"甥女""外甥女"。

称别人的舅父、舅母，姨父、姨母，前面加一个"令"字；对别人称自己的舅父、舅母，姨父、姨母，前面加一个"家"字。

对母亲的姑父、姑母，称"外太姑父""外太姑母"或"姑姥爷""姑姥"；男的自称"外侄孙"，女的自称"外侄孙女"。

对母亲的舅父、舅母，称"外太舅父""外太舅母"或"舅姥爷"

"舅姥";男的自称"外甥孙",女的自称"外甥孙女"。

对父亲的表兄弟及其妻子称"表伯父""表叔父""表伯母""表叔母";男的自称"表侄",女的自称"表侄女"。

对父亲的表姊妹及其丈夫称"表姑父""表姑";男的自称"表侄",女的自称"表侄女"。

对母亲的表兄弟及其妻子称"表舅父""表舅母";男的自称"表外甥",女的自称"表外甥女"。

对母亲的表姊妹及其丈夫称"表姨父""表姨";男的自称"表外甥",女的自称"表外甥女"。

对父母双方表亲戚姑、舅、姨所生的子女,一律统称为表兄弟姊妹;自称也是如此。

对妻子的父母称"岳父""岳母",自称"子婿""小婿"。

称别人的岳父岳母谓"令岳父""令泰山""令岳母""令泰水";对别人称自己的岳父岳母,前面要加一个"家"字。

对妻子的祖父母称"太岳父""太岳母",自称"孙婿"。

对妻子的伯、叔父母称"伯岳父""伯岳母""叔岳父""叔岳母",自称"侄婿"。

对妻子的兄弟姊妹称"内兄""内弟""妻姊""妻妹",自称"妹夫""妹婿""姐夫""姐婿"。

对妻子姊妹的丈夫称"襟兄""襟弟",自称"妹夫""妹婿""姐夫""姐婿",俗称"联襟"。

对妻子的其他家族及亲属,妻子怎么称呼也随之怎么称呼。

对丈夫的其他家族及亲属,丈夫怎么称呼也随之怎么称呼。

上述各称谓,称别人的,前面加一个"令"字;对别人称自己的,前面加一个"敝"字。

对子女配偶的父母称"亲家""亲翁""亲家母",自称"姻愚兄""姻愚弟""姻愚姐""姻愚妹"。

家族、亲属的称谓归纳起来就两句话:父系称爷叫奶伯叔姑,母系称爷叫姥舅与姨。

了解清楚家庭成员之间的互相称谓,准确地称呼亲属,是家庭活动和

交往中基本的礼貌礼节，也是个人家庭涵养的体现。

二、尊敬长辈

闵损，字子骞，春秋时期鲁国人，孔子的弟子，在孔门中以德行与颜渊并称。孔子曾赞扬他说："孝哉，闵子骞！"（《论语·先进》）。他生母早死，父亲娶了后妻，又生了两个儿子。继母经常虐待他，冬天，两个弟弟穿着用棉花做的冬衣，却给他穿用芦花做的"棉衣"。一天，父亲出门，闵损牵车时因寒冷打战，将绳子掉落地上，遭到父亲的斥责和鞭打，芦花随着打破的衣缝飞了出来，父亲方知闵损受到虐待。父亲返回家，要休逐后妻。闵损跪求父亲饶恕继母，说："留下母亲只是我一个人受冷，休了母亲三个孩子都要挨冻。"父亲十分感动，就依了他。继母听说，悔恨知错，从此对待他如亲子。这个故事反映了追求和谐，百善孝为先的中华文明。

俗话说："家有一老，如有一宝。"可见老人、长辈在一个家庭中的重要性。中华民族自古以来就弘扬"孝"文化。古语有云："百善孝为先。"说的就是要尊敬老人、孝敬长辈。中华民族的传统美德中是把孝顺放在首位的。因此，对于长辈的尊敬和关爱是每一名子女应具备的。

"绑母上课"的孝子陈斌强当选"感动中国 2012 年度人物"。

小时候，一根脐带，输送着母亲生命的养分，也维系着母与子之间的血脉亲情；长大后，一条布带，肩负着儿子心底的孝道。

陈斌强 9 岁时，父亲因车祸去世，母亲独自抚养 3 个孩子长大。2007年，刚近六旬的母亲患上老年痴呆症，丧失了日常生活能力。

一天，陈斌强的姐姐在无意中提到，母亲最大的愿望就是和儿子住在一起。陈斌强当场就流泪了："母亲从小就很疼我，到现在，她还是那么依赖我。我想，我不能把她丢开。"当时他便下定决心：要带着母亲去上班。

"我宁可自己苦一点，也要把她带在身边。"陈斌强翻出了母亲 30 多年前背儿子用的那根布带，将母亲与自己紧紧地绑在了一起，骑车 30 多公里，带着母亲去上班。到了周末，又将母亲"绑"回家中照料。这一骑，就是 5 年，风雨无阻。他说："她也许不认识我是谁，也叫不出我名字，但她一定知道，这个人对她好，只要这样就够了。"

他的大孝大爱，给他的学生，也给整个社会上了极为生动的一课，他是一个真正有师德的好老师。陈斌强付出的孝心，不仅抚慰母亲，也抚慰每一个中国人的心，这种中华民族朴素而真挚的人性之美，值得每个人学习。

俗话说："养儿方知父母恩。"父母当初养育子女成人的过程是经历了千辛万苦的。千万不要等到"树欲静而风不止，子欲养而亲不待"的时候再想到孝敬父母，那就为时已晚了。

春秋时孔子偕徒外游，忽闻道旁有哭声，停而趋前询其故，哭者曰："我少时好学，曾游学各国，归时双亲已故。为人子者，昔日应侍奉父母时而我不在，犹如'树欲静而风不止'；今我欲供养父母而亲不在。逝者已矣，其情难忘，故感悲而哭。"借树欲静，而风不休不止为喻，实叹人子欲孝敬双亲时，其父母皆已亡故。

那么父母在世之时我们应当如何尽孝道呢？

首先要有一颗孝心。一定要有尊敬长辈的思想意识。意识决定行动。

再就是应对父母的衣、食、住、行各个方面予以关心，不仅是语言上的关心，还应有实际行动的表示。

应适时为父母添置衣物。随着社会经济的快速发展，人们的物质生活水平越来越高，老一辈的观念也在发生改变。以前的长辈，大多数都是能省则省，在吃穿方面并不是特别讲究，现在物质生活水平逐步提高，做子女的应经常嘘寒问暖，关心长辈的需求。经常关注父母居住地的天气变化情况，及时提醒父母注意增减衣物。

现在物流发达，购物也非常方便，可以经常买一些父母爱吃的东西寄回家。如果与父母在同一城市居住，应当经常回家看望父母，陪同父母吃个便饭，聊聊自己的工作近况；带小孩回家，让老人享受天伦之乐。回到家应主动承担家务劳动，多帮帮父母，让他们感受到老有所依，老有所靠。如果子女在外工作，应经常打电话回家，现在通信发达，也可经常与父母视频，让父母了解子女在外的居住环境、工作情况，让父母少一些担心。到节假日，可选择回家探望父母，也可选择带父母一同外出旅行。

尽量为父母改善居住条件。如果父母是与子女同住，子女要主动承担家务劳动；如果子女工作特别忙，在经济条件允许的情况下，可以请家政服务员来打扫卫生。家庭居住环境要保持干净整洁，这样也可以减少生病的机会。

除了老人们基本生活的保障以外，也可以鼓励长辈们追求精神生活的享受。除了在家含饴弄孙之外，还可以鼓励父母多出去参加社区的老年大学组织的活动，如合唱团、书法班、太极队、舞蹈队、模特队等。老年人多在外交朋结友，既可以丰富自己的晚年生活，也有助于身心健康。还可以提倡父母多与同龄朋友组团外出旅游。长辈们年轻的时候工作忙碌，年老之后有时间，身体健康的话可以多出去走走看看，旅游散心。多出行、多活动有益于老人们的身心健康，使老人们延年益寿，安享晚年。

如果家里的老人有常年生病卧床的，作为子女应给予更多的关心和照顾。

如果老人生病，洗漱方面就很不方便了。如果是动过手术的，连坐起来都困难。这个时候我们家属就需要考虑病人平时的卫生习惯，帮助病人及时洗漱。比如清晨一醒来就马上给病人洗脸刷牙，饭后漱口，晚上入睡前的洗漱工作等，都要做到与病人平时的习惯一样，这样病人才会觉得舒服，不会觉得自己脏脏的，也才会有个好心情。照顾病人，我们家属可能要整天整夜地陪伴病人，不能擅自离开、不能做自己的事情，还会有觉得无聊的时候，这些因素有可能会引起我们的坏情绪，从而导致对待病人的态度不好。因为病人是我们的家人，我们理应对他好，我们想要他安然地度过生病期，不能让他的心情不好，所以我们必须要很有耐心地照顾他，对他说话时语气要很温柔、很有耐心、很有爱，绝不能让他感觉到我们的无聊和不耐烦，否则他会产生内疚的情绪，有心理负担，会影响病情恢复。病人生病，负面心情会影响整个病期，而病人的心情对病情的恢复又是很重要的，这个时候我们家属就需要安慰和鼓励病人，给病人打气，让病人知道我们一直在他身边，可以给他依靠，可以让他无忧，减轻他的负面情绪。老人生病，除了病痛之外，心理压力大，心情欠佳。因此，子女能够轮流照看老人的，要尽自己所能去照顾。照顾病人需要非常大的耐心，也需要强壮的身体。有精力照顾父母的子女应尽全力照看，如确实因工作原因不能在身边照顾的，也应及时为父母请好护理人员，有空就到父母身边陪同照顾，多陪父母聊天，帮助他们抒发郁结。

长辈除了指自己的父母外，还包括配偶的父母。应当把对方的父母当作自己的父母来对待。但是在实际生活中，往往看到婆媳关系处理不好而导致家庭产生各种问题的。因此，婆媳关系是众多家庭成员关系中较难处理好的。

字面上来看，婆媳关系好像只是婆婆跟媳妇的关系，实际上在这两者之间还有一个人，扮演着儿子和丈夫两个角色。实际上婆媳关系是婆婆、儿子与媳妇三者之间的关系。在这三者之间起到核心作用的恰恰是儿子。儿子如果在婆媳之间能够多关心、多体贴，做到相对公平地对待两人，家庭可能会和谐很多。如果做儿子的袖手旁观，认为婆媳关系和他本人无关，那么婆媳关系想要相处得融洽就会比较困难。现代社会女性扮演着很重要的角色，不仅要外出工作，在家庭经济方面分担一部分，回到家里还有孩子、家务一大堆的事情，往往这个时候，都是由男方的父母退休之后来帮忙带孩子。因此，这是一个新家庭，加上中国人的传统观念，媳妇都是"外来人"，作为媳妇想要融入这个家庭还是比较困难的。媳妇往往会认为，这个家是自己的家，而不是婆婆的家；婆婆则会认为，这是自己的家，当然会想在自己的这个家里当家做主，那么必然就会起冲突。如果儿子不积极地调和婆媳关系，这个家庭就很难幸福。

在当今的中国家庭关系中，亲子关系是核心，夫妻关系却是配角。在这种模式下，母子关系必然重于夫妻关系。也就是说，对于一个妈妈而言，儿子是她最重要的情感寄托，丈夫最多排在第二位。这样一来，儿子一旦结婚，就意味着做妈妈的将失去自己最重要的情感寄托，这种巨大的丧失恐怕没有谁愿意接受。不甘之下，婆婆免不了展开一场和儿媳的争夺战。所以，婆婆一定要明白，不能把所有的事情都寄托在儿子身上，要真心地祝福儿子找到一个爱人，祝福儿子能有一个美满的婚姻，而不是去吃醋。作为媳妇，首先要尊重婆婆，要从心底把婆婆当作自己的家人来看待，虽然与婆婆没有血缘关系，但既然与丈夫成家，就理所当然地成为了一家人。不要把婆婆当成外人或不相干的人来对待，否则会让丈夫难做，也会与婆婆产生隔阂，影响和谐的家庭关系。

再就是不要在婆婆面前表现得与丈夫过分亲昵。婆婆含辛茹苦地把儿子养大，在儿子成婚之前，婆婆可能是儿子心目中分量最重的人。当你与丈夫结婚以后，丈夫心目中最重要的可能就变成了你和孩子。因此，做婆婆的难免会有失落感。遇到这种情况，做媳妇的应当大度一点，在婆婆面前要表现得与婆婆站在一边。多关心婆婆的饮食起居，多问候婆婆，要让婆婆觉得自己多了一个贴心的小棉袄，而不是与她争夺儿子的爱的人。切勿在婆婆面前对自己的丈夫颐指气使，而是要让婆婆感受到你对丈夫的关心。这样才能处理好婆媳之间的关系，营造和谐的家庭氛围。

三、亲子礼仪

2018 年 1 月 29 日，各大网站都刊登了一篇名为《留美北大生万字文数落父母 12 年春节不归拉黑父母 6 年》的新闻稿。

文中阐述：在父母和外人眼里，王猛（化名）符合所有"别人家孩子"的特征：从小成绩数一数二，四川一地级市高考理科状元，被北大最好专业之一的生物专业录取，本科毕业后又成为美国排名前 50 大学的研究生。真可谓是天之骄子，前途无量。

然而，这一切光环的背后，却是王猛和父母的决裂：12 年前，王猛不再回家过春节；6 年前，他拉黑了父母所有的联系方式；他甚至还准备再到北大读个心理学方面的博士，以解决自己长期压抑之下的心理问题。

他将自己与家庭决裂的根源归结为父母从小对自己的"过度关爱"。近日，他写下万字长文，并发给了一些要好的朋友，告诉这些年轻的父母"哪些事情是不能做的"。

他背着双肩包，包里的电脑装着他至关重要的一封信。这封 15000 余字的长信，记录着他从小学到北大，再到美国研究生毕业前后，与父母间的种种经历，以及生活工作的不顺利等。行文间，言辞激烈。

见到记者后，走进大厦后的一个糕点店，找了个靠窗的位置。他拿出电脑，打开了这封长信。对话全程，他的目光很少离开电脑："要说的话都在信里写了。"很显然，相对于直面交谈，他更善于用文字表达；超出文稿外的内容，则常常需要思索许久，话语也十分简短。他不避讳自己性格的"弱点"："内向，敏感，不善交际。"

他认为，这正与父母有关。他的文字里，满是父母的"肆意操控"、"冲突"和"炫耀"，父母的过度关爱和缺乏亲情，让他没能树立足够的信心。他说："父母的爱其实是伤害，过去的经历无法与我的认知调和。"

父母的主观教育、没有认真倾听孩子的需求、没有做及时有效的沟通，长时间积累下来对于敏感而内向的孩子是深深的伤害。

倾听才是孩子成长的最好礼物。社会高速发展的今天，家长们都忙于工作、忙于应酬，陪伴孩子的时间相对较少，更多的时候是孩子单独跟玩具打交道。父母也是为了给孩子提供更好的物质生活，这当然无可厚非。但是家长们也应该认识到，孩子的成长除了物质需要外，精神需求也是必不可少的。想走进孩子的内心，就得知道孩子的真正需求是什么。这个时候，只有蹲下来，倾听孩子内心的真实想法和感受才能真正走进孩子的内心，了解他们的精神需求和情感需求。现实的情况是，很多家长往往都是在孩子不知情的情况下为孩子报了各种各样的培训班，美其名曰"为了孩子的全面发展"；不分青红皂白地呵斥、批评孩子，还振振有词"小孩子就该听大人的！"；面对孩子的争辩，自我解释为"我吃的盐比你吃的米还多！"

其实，每个孩子都是一个独特的个体，他们有自己的思想，有自己的表达需求。一个真正爱孩子的家长首先必须是一个学会倾听的家长。耐心的倾听，可以拉近家长与孩子的距离。一个善于倾听的家长更容易走进孩子的内心，去发现孩子的情感弱点和发展弱点；一个善于倾听的家长更容易通过倾听直面自己在教育孩子过程中的问题，促使自己不断改进教育方法；一个善于倾听的家长更容易成为孩子成长路上的朋友，促进孩子成长，培养出优秀的孩子。

没有天生完美的家长，也没有天生完美的孩子。在教育的过程中，每个家长都应该从头学起。倾听并不意味着每天花大量的时间与孩子进行沟通交流。一个善于倾听的家长是一个细心且善于利用琐碎时间的家长，日常生活中做任何决定前请先允许孩子说出自己的想法并学会帮孩子分析其中的利弊；利用接孩子上下课的时间或者用餐时间与孩子分享在校的感受和学习内容，与孩子进行及时总结；在孩子犯错时给予孩子3分钟的"自我申诉"，帮助孩子分析犯错的原因并寻找解决的对策。孩子的健康成长需要家长的用心和耐心。

据媒体报道，因为长期出差无法照看家中的女儿，四川西昌市民张先生在家中客厅安装了监控摄像头，认为"一可以防盗；二可以实时关注孩子动态，如是否按时回家，确保孩子安全"。对此，张先生17岁的女儿很愤怒，以隐私被侵犯为由负气离家出走，父女俩为此僵持不下。

俗话说，父爱如山。如何有效保证孩子安全，是很多家长共同的烦恼。出差在外还惦记着孩子的安全，这个父亲的爱女之心完全可以理解。从媒体报道的未成年人被伤害事件来看，很多事故的发生既有家长未尽到看护职责的原因，也有孩子安全意识不够的原因。没有哪一个家长愿意子女受到伤害，无论是在私人空间还是公共场所，这个父亲的焦虑至少也是负责任的体现。

但家长的行为，绝不能因为是出于良善的目的，就要求子女无条件接受，还应当审视行为的效果。"监视之爱"之所以好心不被理解，关键在于没有根据孩子的成长阶段采取符合情理的措施。这种做法如果发生在孩子年幼阶段，因为其自我意识还没有那么强，所以未尝不可，但是当孩子长大以后，就不能不顾及她的感受。17岁正是走向成年的年纪，没有谁会愿意生活在监视之下，哪怕这种监视是出于爱和责任。而且不与孩子事先沟通就贸然行事，引起严重的逆反心理也在预料之中。

父母的爱是一份沉甸甸的责任，要做好并不容易。爱孩子首先需要学会尊重。美国著名教育家杜威说："儿童不是尚未长成的大人，儿童期有其自身的内在价值。"对于成长过程中的孩子来说，父母不光要为孩子通盘考虑，采取各种有效的办法呵护其成长，还得给予孩子充分的尊重，捍卫他们的人格，这是实现良性亲子关系的起点。爱孩子还需要学会沟通。

亲子之间，最难得的莫过于"信任"二字，而信任来源于有效的沟通。孩子正处在人生观、价值观的形成过程中，家长与其抱怨孩子淘气、不听话，不如反思自己是否和孩子进行了充分的沟通，使他们明白自身言行的利与弊。

传统观念教育孩子有"打是亲，骂是爱""三天不打上房揭瓦"、"不打一顿你怎么记得住"等说法，相信这些话很多父母小时候都听过，更有甚者是被从小打到大的。过去的经历让很多人相信，只要出发点是对的，打两下也是理所当然。真的是这样吗？"打骂教育"到底对孩子有哪些影响呢？

有个小孩从 4 岁到 12 岁，平均一个星期挨两顿打。挨打的原因很多，上厕所时间长了、回家晚了半个小时、分别的时候没有和父亲的同事说再见、成绩考差了、反驳父亲的观点了……都可能成为挨打的原因。在这个小孩 12 岁的时候，他开始用冷暴力反抗父亲，于是父亲为了缓和关系，承诺以后不再打他。一次父亲心血来潮，给他批改家庭作业，错的题父亲直接用红笔画叉，并且要求小孩用红笔来改错，小孩不想让老师看见，仗着父亲发过誓不再打人，就坚决要求用蓝笔来改正错误，大概坚持了 5 分钟，父亲忍不了了，拿出电线在小孩身上抽了几十道血印。后来这个小孩注意力无法集中，经常胡思乱想，并患上抑郁和焦虑。

过去的我们从父母的打骂下成长起来，如今我们成了父母却似乎忘记了记忆中那个曾经被父母打骂后站在原地惊慌失措的小孩。打孩子，真的是为孩子好吗？教育孩子是一项大工程，想教育好孩子，首先父母们还是要做好自己。父母在身体、语言上的暴力，都会对孩子的内心产生影响。孩子渐渐成长起来，这些阴暗的影响也会慢慢扩大。有调查显示，在家庭暴力环境下长大的孩子，往往会在成年以后做出类似的行为，更有可能攻击他们的父母，殴打妻子、孩子。

家庭暴力对孩子的影响是巨大的，有些情况下对小孩可能造成无法挽回的伤害。

（1）使孩子的思想产生混乱。

我们从小就教育孩子，打人是不对的，但在自己的管教过程中却对孩子大打出手，这相当于完全推翻了自己之前对孩子的教育。所以经常有一些父母在打了孩子之后，又会和孩子说："我打你是为你好"。这样的说法会让孩子产生混乱，并且会形成一种"打他们所爱的人是对的"的观念。

（2）损害孩子的认知发展。

曾经有一个为期两年的跟踪研究，对 2—9 岁的孩子进行了认知测试，结果发现，被打过的孩子智力发展水平要低于没有被打过的孩子。如果这种被打是经常性的，那么孩子的智力发展水平将会更低。

我们都知道，能力是可以通过练习来获得提高的，而练习需要非常多的努力并且存在着失败的风险。被打过的孩子可能会更胆小、怕做新的尝试，因为害怕自己的失败会招致父母的打骂。我们经常会看到有些孩子不自信、有些孩子眼高手低，这些其实都源于孩子的自我认知不够准确。

（3）伤害孩子的自尊。

通俗地讲，自尊就是一个人对自己的评价。孩子在上学之前对自己的评价几乎都是从父母那里获得的，经常被打骂的孩子会怀疑父母是否爱自己，而这样的想法和观念就会阻碍孩子自尊的发展。人的自尊与价值感紧密相连，高自尊就会产生高自我价值感，孩子就会自信，就会比较积极和阳光。而低自尊往往伴随的是低自我价值感，就会产生自卑、自信，进而引发其他问题。

"你不听话我才打你，如果你听话我怎么会打你呢？"这样的话会让孩子逐渐对自己"不是个好孩子"深信不疑。如果孩子认为自己就是个不听话的孩子，那么他未来的表现会是怎样的呢？父母对他的管教会有多大的作用也就可想而知了。

（4）让孩子更容易产生焦虑和恐惧。

挨过打的孩子普遍都比较胆小，也更容易受到惊吓，容易焦虑和恐惧。

药某就是个典型。他从小就和妈妈生活在一起，爸爸对他很严格，只要是在外边和别人有过冲突，不论对错回家都是一顿打，他都不敢犯错误。正是因为他在这样的环境长大，在面对被他开车撞倒的张某时，内心的恐惧瞬间达到了顶点，做出了不可挽回的事情。

（5）让孩子惧怕父母，使孩子关闭与父母的沟通之门。

亲子关系是人际关系的一种。几乎所有的人际关系都是建立在信任感和安全感基础上。当和孩子建立关系的时候是怎样做的呢？有没有尊重孩子？在和孩子交流的过程中有没有注意用词？父母要知道，孩子首先是一个人，然后才是你的孩子。所以首先要尊重孩子，孩子才会尊重你，才会感觉和父母在一起是安全的。孩子觉得可以和父母在一起畅所欲言，这样才会和父母成为朋友、说说心里话。

其实成人也一样，当我们遇到了困难，我们会首先想到找谁呢？自然是让我们能够感觉到放心、关系亲近的人。

（6）让孩子的错误行为更隐蔽。

父母总是觉得，孩子挨打了就会长记性，但实际上虽然孩子当时停止了不良行为，而且会被震慑到，但从长期来看，挨打只会让孩子更害怕挨打，更重要的是，会让他的错误行为更隐蔽。这样的惩罚并不能帮助孩子从内心认识到自己的错误。

每个家庭都有父母、子女。这是一个家庭构成的基本要素。父母在孩子出生后，都对孩子寄予厚望。"望子成龙，望女成凤"是中国人的传统思想，是作为父母的美好愿景。现实生活中虽然不可能人人都成龙成凤，但子女能够事业有成、家庭幸福、身体健康是父母的最大心愿。因此，家庭教育至关重要。孩子能否健康成长，成为一个对社会、对家庭有用的人，主要取决于父母的教育。

孩子一出生，就是一张白纸。他的人生是否精彩完全取决于父母的教育和引导。父母在子女面前应该以身作则，起到身先示范的作用。孩子就是父母的镜子。父母在孩子面前怎么做、怎么处理问题，孩子都会一一模仿。例如，如果父母对待自己的长辈不尊敬，经常不使用敬语，不听自己父母的教育，则在孩子身上也会表现出这些不良的行为。如果父母在外喜欢争强好胜，不懂谦让，则孩子在外与同龄人相处时也会表现出这些行为。如果父母对于子女的教育是以粗暴的打骂为主，则子女在对同学的行为表现上也会是易怒、易冲动、打人、骂人，最终成为别人眼中的问题孩子，没有及时纠正的话，在孩子成年以后可能产生更严重的后果。因此，父母在家，在孩子面前一定要注意自己的言行。你想孩子成为什么样的人，在这之前一定要把自己变成这样的人。

孔子曾说："不学礼，无以立。"也就是说，不学会礼仪礼貌，就难以有立身之处。因此，若父母想让孩子成为一个招人喜爱、受人尊敬的人，首先要学礼仪。

如果父母想让孩子成为一个孝顺的人，就要在孩子面前表现出孝顺自己的父母，做孩子的榜样。例如，在自己父母生日的时候，要给父母准备礼物，给父母准备丰盛的生日宴，带孩子共同为父母庆祝。孩子就会有意识，知道父母的生日要记在心间。在家用餐，请父母先动筷子，好吃的菜先给父母。经常帮助自己的父母做家务，要求小孩一起做家务，小孩在潜移默化中，就会接受这些行为。

出门在外，不乱扔垃圾，不随地吐痰，走斑马线，不闯红灯，遵守公民的文明公约，小孩都会跟随父母模仿并学习这些行为习惯。如果是驾驶自己的私家车外出，不随意换道，不急躁，不"路怒"，对小孩子都是无形的教育。

哈佛大学学者做过一项调查研究，得出一个惊人的结论：爱干家务的孩子和不爱干家务的孩子，成年之后的就业率为15:1，犯罪率为1:10。爱干家务的孩子，离婚率低，心理疾病患病率也低。另有专家指出，在孩子的成长过程中，家务劳动与孩子的动作技能、认知能力的发展以及责任感的培养有着密不可分的关系。因此，可以给孩子适量地布置一些家务劳动。

9—24个月：可以给孩子一些简单易行的指示，比如让宝宝自己把脏的尿布扔到垃圾箱里。

2—3岁：可以在家长的指示下把垃圾扔进垃圾箱，当家长请求帮助时帮忙拿取东西，帮妈妈把衣服挂上衣架，使用马桶，刷牙，浇花（父母给孩子准备适量的水），晚上睡前整理自己的玩具。

3—4岁：更好地使用马桶；洗手；更仔细地刷牙；认真地浇花；收拾自己的玩具；喂宠物；睡前帮妈妈铺床，如拿枕头、被子等；饭后自己把盘碗放到厨房水池里；帮助妈妈把叠好的干净衣服放回衣柜；把自己的脏衣服放到装脏衣服的篮子里。

4—5岁：不仅要熟练掌握前几个阶段要求的家务，还要自己铺床，准备餐桌（从帮家长拿碗筷开始，帮忙端菜、装饭），饭后把脏的餐具放回厨房，把洗好烘干的衣服叠好放回衣柜（教给孩子如何正确叠不同的衣服），自己准备第二天要穿的衣服。

5—6岁：不仅要熟练掌握前几个阶段要求的家务，还要帮忙擦桌子，铺床/换床单（从帮妈妈把脏床单拿走，并拿来干净的床单开始），自己准备第二天去幼儿园要用的书包和要穿的鞋（以及各种第二天上学用的东西），收拾房间（把乱放的东西捡起来并放回原处）。

6—7岁：不仅要熟练掌握前几个阶段要求的家务，还要在父母的帮助下洗碗盘，能独立打扫自己的房间。

7—12岁：不仅要熟练掌握前几个阶段要求的家务，还要做简单的饭，帮忙洗车，吸地擦地，清理洗手间、厕所，扫树叶、扫雪，会用洗衣机和烘干机，把垃圾搬到楼下的垃圾箱里。

13岁以上：不仅要熟练掌握前几个阶段要求的家务，还要换灯泡，换吸尘器里的垃圾袋，擦玻璃（里外两面），清理冰箱，清理灶台，做饭，列出要买东西的清单，洗衣服（全过程，包括洗衣、烘干衣物、叠衣以及放回衣柜）。

孩子进入学校学习之后，父母应尊师重道，不随意让孩子迟到、早退；主动与教师沟通交流；在家如果想让孩子认真看书，父母也应放下手中的手机，多看书、多陪伴。

与人交往的过程中要懂得使用文明礼貌用语。在接受别人的帮助后，要及时说"谢谢"。在打扰别人时，要说"不好意思""对不起"及时表示抱歉，并且态度要真诚。在动别人东西前要询问："请问，我可以用一下吗?"在打喷嚏或咳嗽时捂住嘴，以免口水溅到他人，并马上表示抱歉。在进屋前要敲门，敲门不可急躁，不可声音过大，要轻敲三下。即便是在自己家中，进任何人的房间都要养成敲门的习惯，不要横冲直撞。孩子们需要知道他们什么时候可以打断别人，什么时候不可以打断别人，并且应该学会礼貌地说"打断一下"。在带孩子去电影院观影时要告诉孩子尽量不说话，有要求也要很小声地说，否则是很不礼貌的行为。在公共场合皆应如此，不宜大声喧哗。吃饭时，要孩子使用自己的餐具，吃东西的时候不讲话、不唱歌，夹菜的时候不能翻菜。这些小小的生活习惯，汇聚在一个人身上，表现出来的就会是注重细节，尊重他人，懂礼仪。

总之，父母应将礼仪的种子播撒在孩子们的心中，要教孩子们学会自我的时间管理、情绪管理，学会尊老爱幼、礼貌待人，做一个知礼懂仪、彬彬有礼的人。

父母与子女之间想要达到和谐、顺畅的交流，就必须要说到"尊重"二字。不仅子女要懂得尊重长辈，父母也应当尊重子女。在孩子幼年时期，父母应当学会蹲着倾听孩子的讲话，让孩子从小就感受到父母对他的尊重。在教育子女时切勿大喊大叫，辱骂吵闹。孩子需要的是父母的爱。在孩子成长的过程中，会随着心理和生理的成长不断地发生变化。父母应当根据孩子每个年龄阶段的特点进行教育，不能千篇一律，一定要多倾听孩子的想法，多跟孩子交流和沟通，及时了解孩子的需求。孩子需要的是父母的爱与陪伴。在孩子有需要的时候，父母一定要适时地放下手中的事情，陪伴孩子的成长。如果在孩子心目中形成意识，认为自己在父母的心目中不重要，那对孩子将是非常大的打击与伤害，会让孩子从小就没有自信，也不愿意对父母敞开心扉，也会让孩子与父母的距离越来越远。因此，父母对孩子的陪伴是相当重要的。父母除了可以陪伴孩子玩耍以外，也可以经常带孩子去户外认识大自然，去公园、海边或爬山、下河，还可以带孩子去看各类展览，如画展、科技展，甚至车展都可以，让孩子开阔眼界，了解世界，更可以经常带孩子旅行出游，让孩子从小就有了了解世界的兴趣。从以上这些方面都可以培养和提高孩子对于各种知识学习的兴趣。在这些家庭活动中还要注意培养孩子的礼仪意识，在具体的生活行为上给孩子以指导，让这些礼仪礼节形成终生的习惯。在孩子成长的道路上，不做孩子的绊脚石，而是为孩子的人生保驾护航，把孩子培养成为一个有正确人生观、价值观、世界观的人，这会让孩子终生受益。

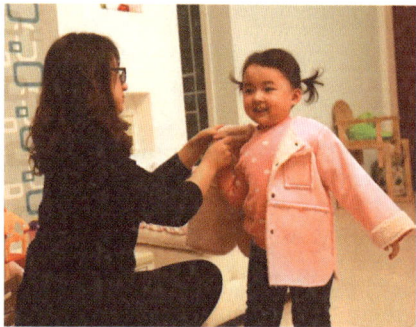

亲子礼仪，不是孩子或者父母单方面需要学习和注意礼仪知识，而是要整个家庭都具有懂礼学礼的意识，形成良好的家风，让孩子通过父母的悉心培养成为一个有用的人。

四、夫妻礼仪

春秋时期，郤缺是晋国的上大夫，曾和他的父亲郤芮同朝为官。后因他的父亲犯事受到牵连，被贬为庶民。他回到家乡被称作"冀"的地方。夫妇二人布衣淡饭、男耕女织，过上了自足的田园生活。有一次，一个叫臼季的大臣出使到秦国去，路过郤缺的家乡，正看见郤缺在田地里锄草，他的妻子给他送饭。妻子非常有礼貌地把饭菜送到郤缺的手上，而郤缺也摆出非常尊重的样子接过饭菜。用过饭后，郤缺用尊重的眼光送妻子远去。臼季看在眼里非常受感动。回到晋国后，马上把这个情况报给晋文公，说："臣看到郤缺和他的妻子相敬如宾。臣以为互相尊重是德的集中表现。有德的人就能治理好国家。请大王将郤缺召回来重用。"

晋文公采纳了臼季的意见，很快召回了郤缺，封他为下军大夫。郤缺果然不负众望，在晋襄公执政时，在一场晋狄战争中，深谋远虑，身先士卒，打败了敌国，俘虏了夷狄首领白狄子。晋襄公就把冀地封给了他。后人就把他们夫妇种田的地方称作"聚德田"，他在的家乡称作"如宾乡"。

在古代，有诸多形容夫妻间感情深厚的成语，如举案齐眉、相敬如宾、琴瑟和鸣、伉俪情深、鹣鲽情深、白头偕老、比翼连枝等。《左传》就记载了郤缺和他妻子"相敬如宾"的故事。汉时梁鸿和妻子孟光的"举案齐眉"则成为千古美谈。周恩来和邓颖超总结出夫妻之间关系处理的"八互"经验：互敬、互爱、互学、互助、互让、互谅、互慰、互勉。可见讲究夫妻礼仪历史悠久。

　　一个家庭是否和谐，夫妻关系起着至关重要的作用。如果一个家庭里，夫妻关系不和谐，那么这个家庭里，必然会有一方过得不愉快，甚至痛苦。如果夫妻二人感情不好，经常吵架，对孩子的成长也是非常不利的。俗话说："家和万事兴。"夫妻感情的好坏是直接影响家庭和睦和双方的事业的。那么，如何不让柴米油盐酱醋茶这些生活琐事磨掉夫妻间的感情，让家庭能带给自己幸福和快乐呢？首先要懂得夫妻间的礼仪，夫妻间的相处之道。夫妻之间讲究礼仪可以避免产生矛盾，礼仪是夫妻之间的润滑剂，可以让夫妻关系更加稳固。

　　中国素有"男主外，女主内"的说法。现代社会，女性也能顶起半边天，也就是说夫妻双方一般都是在职工作的。也有一部分家庭在孩子出生以后，女方会选择在家做全职太太，方便照顾孩子和家庭。夫妻双方在家庭中承担着不同的角色，但对于家庭来说都是非常重要的。

　　一般情况下，丈夫是家庭生活的主要经济来源，正因如此，在结束一天的工作之后，丈夫回到家中希望得到妻子的关心与爱护，而不是不屑与争吵。当丈夫回到家中，如果妻子是全职太太，可以为丈夫准备好饭菜，在丈夫进门的时候，及时上前迎接，一句"回来了，洗洗手，准备吃饭"，可以消除丈夫一天的疲劳。丈夫会觉得家是幸福的港湾，是人生的加油站。如果妻子也是在职工作的，可以在下班回到家以后，与丈夫一同进厨房准备晚餐，在洗菜、做菜中，交流一下工作上的事情，可以是遇到的难题，也可以是遇到的有趣的事情。虽然一天的工作辛苦劳累，但是夫妻两人能说说笑笑，一同吃饭，收拾家务，也会让人备感温馨。上班时向自己的爱侣道一声"再见""小心交通安全"，下班时道一声"辛苦啦""回来啦"，或给爱侣一个热吻。妻子煮稀了饭、炒焦了菜，丈夫道一声"不要紧，下次注意一点就行了！"妻子抱孩子出门，教孩子说一声"爸爸再见"，或教孩子亲一亲爸爸的脸，或教孩子向爸爸挥手道别……这些礼仪行为虽然简单易行，平常得很，但对夫妻关系起着重要的磨合作用。夫妻双方从这一系列礼仪行为中享受到爱情生活的温馨与甜蜜，让爱情生活历久常新。

平时在外工作都会承受不同程度的工作压力，回到家中，彼此都希望在家里得到放松，沟通的语气、语调和内容都要注意。夫妻间讲话的语气不可过硬，语调不可过高，谈话的内容尽管是生活中遇到的难题，也不能相互推卸责任，而应该共同面对，找出解决难题的办法，同舟共济才能营造和谐的家庭氛围。

丈夫希望被妻子崇拜、被妻子温柔以待，也希望在外的工作能得到妻子的理解、支持。妻子则希望丈夫能够浪漫、让自己有安全感，希望被丈夫呵护，捧在手心。因此夫妻双方都应尽量让对方得到心理上的满足。

有些人结婚时间长了以后，认为老夫老妻的就不需要注意说话的语气，平时也不再打扮自己，家庭生活总以自己的意愿为主导，而不注重对方的感受，这些做法对于婚姻生活都是有百害而无一利的。正是因为对方是自己的爱人，是与自己相伴一生的人，我们更应该展现出最好的一面给对方，更应该尊重对方、信任对方。

家里若遇到重大困难，不能变成"夫妻本是同林鸟，大难临头各自飞"，而应该是有商有量，尽到自己的责任和义务。比如有一方突然身患重病，另一方应该想尽一切办法，医治对方，陪伴对方，正所谓"陪伴是最长情的告白"。在对方身患重病之时，你若不离不弃，悉心照料，将是对方最好的药。如家庭遇到经济问题，双方应接受既定事实，少一些抱怨，少一些指责，多讲一些正能量的话语，共同面对问题，共同找出解决问题的办法，共渡难关。

随着时间的推移，难免会发现对方身上越来越多的缺点，有时候不是对方本人的，而是他（她）家庭的一些问题。有句话是这样说的："你结婚的对象不是他（她）本人，而是他（她）的整个家庭。"确实如此。在这个时候，应当更多地想到对方的优点、对方的好处，体谅对方的难处，包容对方的短处。多想想恋爱时和平时的美好时光。多在外人面前给对方留面子，不要当众说对方的不好，多说对方好的方面。如果真的有做得不好的地方，要勇于承担错误，多说"对不起""我爱你"。在重要的节日和纪念日，一定要记得为对方准备礼物，有时候礼物并不需要多么贵重，对方需要的是你的一份心意。小小的礼物也是婚姻生活的调味品，让婚姻保鲜的小秘诀。

夫妻间应该平等相待，充分信任，尊敬对方。平等是尊重的前提。夫妻二人作为家庭的建设者、经营者、支撑者，分工不同，地位等同。互信是互尊的表现。夫妻之间应充分信任对方，无端的猜忌只会加深并扩大矛盾。互赏就是指夫妻之间相互欣赏。相传宋代大文豪苏东坡的妹妹苏小妹，生得清雅秀丽，全无俗韵，聪明绝世，嫁给了同样是大文人的秦观为妻。新婚之夜，秦观正要入洞房，却被小妹挡在门外。小妹连出了几道难题，要秦观应答，何时答对了，才准进入洞房。秦观虽才思敏捷，也直到谯楼三鼓，才把小妹的难题全部答出，获准进入香房。婚后二人诗来词去，夫唱妇和，相互欣赏，情深意长。最后小妹先秦观而卒，秦观思念不已，终身不再复娶。这段佳话，被后人写成醒世之言，就是为人所熟知的《苏小妹三难新郎》。可见，古人早已深谙夫妻恩爱之道。为夫为妻，或贫或富，都要相互欣赏。只有欣赏得深，才会恩爱得深；而恩爱越深，相互欣赏的东西也就会越来越多。欣赏对方，不一定就是欣赏对方的才貌，因为才能有高有低，美貌也总会消逝。欣赏应是多方面的，或秉性温柔，或相知相悦，或勤劳朴实，或幽默风趣，只要善于挖掘出对方的优点，夫妻之间就能相互欣赏。

在共同的家庭生活中，男女双方都是离开自己原来的家庭，组建成新的家庭。虽然双方的生活背景、家庭情况、生活习惯、文化程度不尽相同，但作为夫妻，要有共同的奋斗目标、共同的生活理念，多为对方着想，多理解和支持对方。信任、责任、尊重和爱将会营造一个幸福的家庭。

五、亲友相处礼仪

中国人自古以来都非常重视家庭观念。这是因为在古代社会，家族的作用是非常大的，大家族的家法可比国法。家族对于各个小家庭的保护和利益的争取是起着主导作用的。因此，"家"观念是在中国传统文化中备受重视的。发展到现代，由于每个家庭中子女数量减少，现代人更注重的是小家庭的观念。每个姓氏之下也有血脉相连的亲属关系，因此亲戚之间的来往是必不可少的。一个大家庭成员之间能和睦相处、互相帮助，对于小家庭的稳固也是起到很大作用的。因此，我们要对亲戚间的交往礼仪有所了解。

《三字经》里有"融四岁，能让梨"，说的是生于东汉末年的孔融，性情宽厚，4 岁的时候就懂得礼让兄长的道理。孔融让梨也成为中国千百年来流传的一个礼仪道德教育故事。教育人们凡事应该懂得谦让的礼仪。

古语有云："父慈子孝，兄友弟恭。"这是对和谐家庭的写照。在众多亲戚关系中，兄弟姐妹的关系是最亲密的。因为本是手足情，本是同根生。俗话说："打仗亲兄弟，上阵父子兵。"当你遇到困难的时候，能给你提供无私帮助的就是父母和兄弟姐妹。

兄弟姐妹从小一起成长，感情深厚自不必说，但随着年龄的增长，各自成家以后，一些矛盾也会慢慢地凸显出来。例如住房问题，财产继承问题，妯娌、姑嫂产生矛盾的问题，孩子之间的问题，等等。每个人都应站在他人的角度上考虑问题，做到不争不抢、互相谦让和体谅。兄弟姐妹之间，应该做到哥哥对弟弟友善、关怀，弟弟对哥哥恭敬、亲近，姐姐爱护妹妹，妹妹尊重姐姐。有了这种前提，不论出现什么矛盾，兄弟姐妹之间都可以平心静气地相互商量、耐心解决矛盾。

兄弟姐妹都应怀着感恩的心共同承担起孝敬父母、赡养老人的责任。如家有兄长，则应该关爱弟弟妹妹，帮助父母分担家庭责任；要带头孝敬父母，协助父母协调家庭关系。

成年以后，家庭成员间切勿斤斤计较，有能力的多为家庭做贡献，多帮助自己的兄弟姐妹，哥哥姐姐为自己的弟弟妹妹承担培养义务。很多有姊妹的家庭，都是这样，依靠兄长或姐姐的无私奉献，弟弟妹妹才能完成学业，成家立业。

如果是家有兄弟的，要想关系和睦，妯娌之间的关系好坏起到很大作用。不能因为是一家人了，就不注重礼貌礼节。俗话说"礼多人不怪"，妯娌之间更是如此，要让对方感受到自己的尊重，站在自己丈夫的立场上，多为丈夫的兄弟考虑，把他们当成自己的兄弟，少计较，多来往，互相帮衬。要像亲姐妹一样相处，不能听信别人的谣言，要多交流，多站在大家庭的前提下考虑问题。互相之间真诚以待，不搬弄是非，不主动挑起矛盾。只有妯娌之间相处好了，很多矛盾才可以迎刃而解，才能使大家小家都和睦。

姑嫂关系也是家庭稳固的重要环节。不要把小姑子看成包袱，也不要以长者的身份自居。要理解和尊重她，在她的大事小情上，都真诚地关心，提出自己的见解，拉近与她的距离。但身处同一屋檐下，由于成长背景、生活习惯不同，往往容易在一些事情上产生分歧，这种时候作为嫂子，要顾全大局，从维护大家庭的前提出发，避免争吵，以免伤害对方的感情，要有豁达的人生态度。作为小姑子，要明白嫂子是家庭中的新人，对嫂子的缺点要有包容之心，多关心嫂子，作为年龄相仿的人，要多与嫂子沟通交流，成为好姐妹，帮助嫂子适应新家的生活。

常言道，一方有难，八方支援。如果是兄弟姐妹遇到了困难，一家人都应伸出援助之手。如果自己家生活得很富裕，其他姊妹家里条件不好，应当想办法尽力帮扶，但是要本着帮困不帮穷的理念。不能只给予金钱的帮助，这样会让他人有依赖感，也就不会主动去创造自己的生活。应该共同想办法，帮助条件差的家人学习技术或者创业，让他们自己努力富裕起来。

一家人不能互相猜疑，互相议论。有事当面说清，不要在背后议论。对待具体的问题上，有不同观点的，可以多沟通，相互理解，不能互相指责。一家人团结起来，才能解决问题。

第二节　会客礼仪

📋 案例导入

三顾茅庐

东汉末年，天下大乱，各路人马互相攻伐，连年征战。刘备胸怀大志，欲建立一番功业。

当时有一位名士叫诸葛亮（字孔明），隐居在隆中一带，人称"卧龙先生"。刘备听谋士徐庶说诸葛亮很有才能，便带结义兄弟关羽和张飞亲自去隆中拜访他，想请他出山帮助自己完成统一大业。

可是他们来到诸葛亮的草屋时却没能见到他，兄弟三人不得不失望而返。不久，刘备带着关羽和张飞冒着风雪第二次来到诸葛亮的草屋，没想到还是没能见到他，刘备只好留下一封书信，表明自己的诚心，想要邀请诸葛亮出山，共同拯救国家危难。又过了些日子，刘备吃了三天素，沐浴更衣后，准备再次去拜访诸葛亮。关羽却说："诸葛亮也许只是徒有虚名，未必有真才实学，不去也罢。"张飞说："不如直接将诸葛亮拿绳子捆来。"刘备责备了两人一顿，又带着他们第三次来到诸葛亮的草屋。这次诸葛亮正在睡觉，刘备不敢打扰，于是和两个兄弟在外面等候。直到诸葛亮醒来，三人才进草屋，真诚地说明来意。

原来诸葛亮早就知道刘备要请他出山，他为了试探刘备的诚意，前两次故意外出不见，这次又假装睡觉。然而刘备并没有放弃，反而一次比一次虔诚，最后终于感动了诸葛亮。从此，诸葛亮尽心尽力地辅佐刘备，建立起蜀国的基业。

在日常家庭生活中，经常会出现邀请亲朋好友到家做客，或者应邀到亲朋好友家去拜访的情况。上门拜访是增进感情的有效方式，不论是待客还是做客都要注重礼仪。会客礼仪是中华民族的传统美德。

一、待客礼仪

作为主人，当有客人上门拜访时，如果客人是有预约的，应当做好待客准备。首先要提前将家里的卫生打扫干净，准备好茶、水、茶点、水果等以便招待客人。若客人带有小孩，还需要根据小孩的年龄来准备适合的食品和饮料。

准备接待客人前，要整理好自己的衣着。可以穿着休闲、舒适的衣服，但不能穿着睡衣或者较为暴露的衣服接待客人，女性应略施淡妆，以示对客人的尊重。家有小孩的话，也应当给小孩洗漱干净、穿戴整齐迎接客人。

客人到来前，如有电话联系，要询问客人是否可以找到确切地址。因为现在很多小区都有门禁，如果客人是步行前来，最好在楼下迎接，以免客人进出门禁不方便。如果客人是驱车前来，可以提前将确切的地址通过微信或短信发给客人，并在地下停车场迎接客人入户。

客人进门时，应当主动热情地招呼客人，并真诚地使用"您好""请进""请便"等礼貌用语，使客人感受到主人的热情大方，不感到拘谨。如果家里需要客人换鞋进入，要提前准备好客用拖鞋；如果没有足够的客用拖鞋，家里应常备鞋套，以备不时之需。客人到来以后，要介绍客人和家庭成员互相认识；如果家里有其他人在，也应互相介绍，以示尊重。

进门后要请客人及时落座。客人坐好以后，应及时询问客人的口味，需要什么品种的茶类。不同的茶叶有不同的冲泡方法。俗话说："从来茶倒七分满，留下三分是人情。"要做到以礼待客，以礼奉茶。首先茶具一定要清洁干净，在冲茶、倒茶之前最好用开水烫一下茶壶、茶杯。如果用一次性纸杯，在倒茶前要注意给一次性纸杯套上杯托。茶叶要适量，茶叶过多会导致茶味过浓，茶叶过少又会觉得茶水淡味，因此主人应当仔细询问客人的喝茶习惯。端茶需右手持杯，左手托杯底，双手奉茶为敬，持杯时不能用手持杯口递送，也不能边奉茶边说话，以防唾沫溅到杯中。将泡好的茶端给客人的时候，最好使用托盘；若不用托盘，也需注意不要将手指接触到杯沿。从客人的右方奉上茶，在奉有柄茶杯时，一定要注意茶杯柄朝向客人的顺手面，比如右面，这样有利于客人手拿茶杯的柄。茶端至客人面前时，应略躬身或伸手示意，并同时说"请喝茶"或"请用茶"。奉茶应注意先后顺序：先长后幼，先客后主，依照身份的高低顺序奉茶。如果客人有特殊要求，应尽量满足。比如，需要喝白开水、冰水、果汁饮料等。

喝茶的同时，可以请客人适当吃些茶点。俗话说："甜配绿，酸配红，瓜子配乌龙。"这是指茶与茶点的搭配。各色小吃、零食，完全随地方民俗、习惯而定。各色干果、鲜果、糖果、面点均可，可以多准备一些花样，方便客人选择。应当适时地邀请客人品尝，也可主动递送水果给小孩吃。

与客人进行交谈时，表情要亲切自然。在交谈中表情和肢体语言对于感情的传递是至关重要的，客人会从主人的表情和肢体语言来判断主人的真实想法。因此，在客人说话时，主人应当与客人有适当的目光接触，也可适时地与在场的其他客人进行目光交流，但时间不宜过长。在倾听客人讲话时，要注意力集中，全神贯注。如果对客人的谈话表现出不感兴趣，会让对方感觉到不舒服、不被尊重。主人在客人讲话的同时，对于赞同的观点，应以微笑、点头等动作表示，让客人感受到被关注，也可以适时地进行一些简短的回应。在意见有分歧的时候，不要直接插嘴或直接表示反对，应先肯定客人表达的合理的部分，再引出自己的观点。交谈是双方的，要多给客人发言的机会。在交谈中始终做到礼让对方，尊重对方。如果客人带有小孩来访，为避免小孩吵闹，影响大人交谈，可为小孩提供玩具或画具。一般初次访问时间在半小时到一小时之间，如果是关系较密切的朋友，可视双方的具体情况而定。如果会客已到吃饭时间，主人应当主动邀请客人用餐。如果客人提出告辞，主人应当婉言相留；若客人坚持要走，主人也不能强留。

如果是关系很好的客人，愿意留下来用餐，主人就应当做好用餐准备。可以选择外出用餐或者在家用餐。随着现代物质生活的普遍提高，很多家庭都会选择外出用餐，但家宴对于客人来说是规格较高的待遇。因此在家接待客人用餐的礼仪也很重要。主人准备菜的数量可以按照客人的人数多少而定，一般情况下可以按照比用餐人数多一道菜的菜量来准备，但是不能上7道菜，因为在中国传统习俗中，一般7道菜是祭祀所用。另外，菜肴需要配汤，如果有小孩，还应为小孩专门准备菜，比如鸡蛋羹，肉丸汤等。座位的顺序也有讲究。一般家庭的餐桌都是方桌或者圆桌，座位顺

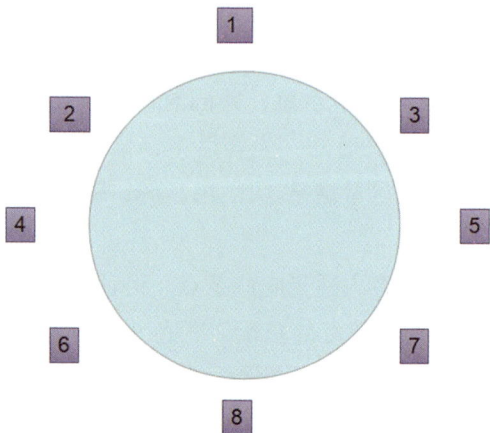

圆桌座次图

序如图所示。

用餐时，也可进行亲切的交谈，使氛围更加融洽。

进餐完毕以后，应请客人再到客厅小坐一会儿，询问客人是否还需要喝茶，如果客人有需要，应按照上文的注意事项重新泡茶。若客人提出告辞，主人不能马上起身，应等客人起身之后，再起身相送。家中成员应一起送客人出门。

送客一般需要送至电梯口、楼下门禁处、小区大门口或者地下停车场。客人离开时，应礼貌道别："欢迎下次再来""一路平安""注意安全"等。客人离开后不要马上走，应目送客人，客人离开视线范围以后再行返回。如果只送客至电梯口，应等客人乘坐电梯离开以后再关上房门。

大多数客人拜访时都会准备一些礼物，主人应当表示感谢，并要求客人下次不要再破费，或准备一些回礼。如果客人带有小孩，可以回赠小孩一些玩具或者零食。

二、访客礼仪

到别人家中做客，首先应当提前去电预约，看对方时间上是否允许；约定好时间以后，一定要准时。

去之前，要准备合适的礼物。家庭间的访问，可以准备果篮或者牛奶，适合一家人食用；也可以准备茶叶，中国的饮茶文化有几千年之久，喝茶对于身体健康有益是公认的；还可以送花卉，送花是一门艺术，应该在合适的环境下，送出与当时环境符合的鲜花。

节庆	送花
看望亲朋	节日期间看望亲朋，宜送吉祥草，象征"幸福吉祥"
春节	可送些新颖别致的小盆花，例如报春花、富贵菊、仙客来、荷包花、紫罗兰、花毛茛、报岁兰等
热恋男女	热恋中的男女，一般送玫瑰花、百合花或桂花。这些花美丽、雅洁、芳香，是爱情的信物和象征。男女之间表示爱意的花，最好选用红色的玫瑰、百合、郁金香、香雪兰、扶郎花等
祝贺结婚	对祝贺结婚除用玫瑰、百合、郁金香、香雪兰、扶郎花外，还可添加菊花（国内作喜花看待）、剑兰、大丽、风信子、舞女兰、石斛兰、卡特兰、大花蕙兰等。新娘子在披纱时所用的捧花，除了有玫瑰、百合、郁金香、香雪兰、扶郎花、菊花、剑兰、大丽、风信子、舞女兰、石斛兰、卡特兰、大花蕙兰等外，适当加入两枝满天星将更加华丽脱俗
婴儿出生满月	婴儿出生满月，最好送各种鲜艳的时花和香花
老人祝寿	给老人祝寿，宜送长寿花或万年青：长寿花象征着"健康长寿"，万年青象征着"永葆青春"
拜访老者	拜访德高望重的老者，宜送兰花，因为兰花品质高洁，又有"花中君子"之美称
亲友生日	给亲友生日送花，对青年人可送玫瑰、月季，对中年人可送兰花或茶花，对老年人祝寿可送万年青、榕树（象征长寿）。祝贺友人的生日，属喜庆的花都可相赠。但对于长辈，就应选择万寿菊、龟背竹、百合花、万年青、报春花等具有延年益寿含义的花草。如能赠送国兰或松柏、银杏、古榕等盆景，则更能表达尊崇的心意
朋友远行	朋友远行，宜送芍药，因为芍药不仅花朵鲜艳，且含有难舍难分之意
乔迁之喜	祝贺乔迁则以巴西铁、鹅掌叶、绿萝柱、五彩芋等观叶植物或盆景为宜
送工商界朋友	可送杜鹃花、大丽花、常春藤等，祝福其前程似锦、事业成功
送离退休同志	可选兰花、梅花、红枫、君子兰，敬祝正气长存，保持君子的风度与胸怀

　　总而言之，就是投其所好最为优先——只有对方喜欢的东西，送出手才会有价值。准备妥当合适的礼物，还需注意自己的着装。

　　为表示对于对方的尊重，首先要注重仪容仪表。不能过于华丽，避免炫耀之嫌。在家要洗漱干净，女性应略施淡妆，如带小孩应给小孩洗漱干净、穿戴整齐，为避免小孩到朋友家中吵闹，可事先为小孩准备一些玩具和喜欢吃的零食、水果。现代家庭大部分进门都需要换拖鞋，如果脱鞋以后有异味，会很尴尬，因此，特别注意的一点是，出门之前应检查自己的袜子和鞋子是否有异味，一定要保证无异味再出门。

　　都准备妥当之后便可以按照事先约定好的时间上门拜访了。在准备出发前最好再联系一次对方，确定对方在家，确定已有对方确切住址，然后便可出发了。

在快抵达对方住址之前应发信息告知，可让对方有充分的时间进行待客准备。如果主人是出门迎接的，在与主人见面之后，应主动热情打招呼，感谢对方的迎接。如果是直接上门，应按门铃或敲门，敲门不能太大声或太急促。

进门之后，应先递送礼物，表示谢意。向主人问候寒暄，还要同主人的家人打招呼。再按照主人的安排坐下，坐姿要注意：双腿叉开不宜过大，不要"架二郎腿"，不宜将双腿直伸出去，不宜把腿放在茶几上，不宜随意抖动和摇晃腿部，不宜脚尖指人。

主人奉茶应当起身用双手接过，并道谢。喝茶的时候，不宜出声，应慢慢品茶。如果茶杯有杯盖，喝茶时，应将盖口朝上放置在茶几上。主人端上的茶点等要按照长幼顺序依次取食。果皮果核等一定要扔进垃圾桶，切勿乱扔乱放。如果主人没有主动请吸烟，客人不宜主动提出吸烟要求。若主人不吸烟，即使请客人吸烟，客人也不应该吸烟。

如未得到主人邀请参观房间，切勿东张西望、随意走动。如果主人邀请客人参观房间，客人应当适时地赞美："您家的房子装修真漂亮""您这家具选得很有品位""您家的窗帘真好看""很喜欢你们家地板的颜色"等。

在与主人进行交谈时应当尽力营造融洽的氛围，不宜否定主人交谈内容中的观点，大可求同存异。要适时与主人进行目光交流，认真倾听对方的谈话，面带微笑，要给予回应，也可适度发表自己的看法。在交谈时不能经常看表，或做出心烦意乱的样子，在别人家做客一定要有礼有节。如果在别人家拜访时又来了新的客人，或者主人突有急事，客人都应当及时起身告辞。

如已接近用餐时间，应尽快告辞。如果应邀之时已经明确会在主人家里吃饭，应当注意用餐礼仪。筷子是进餐的工具，因此千万不可玩弄筷子，把它们当鼓槌是非常失礼的做法，更不可以用筷子向人指指点点或打手势示意。吸吮筷子或把筷子插在米饭中是大忌，被认为是不吉利的。夹菜时不可用筷子在一碟菜里不停翻动，应该先用眼睛看准你想取的食物，再用筷子夹取。当用筷子去取一块食物时，应尽量避免碰到其他食物。如果主人家摆放了公筷和汤匙，则应使用公筷和汤匙。进餐时不要打嗝，也不要出现其他声音。如果出现打喷嚏、肠鸣等不由自主的声响，就要说"真不好意思""对不起""请原谅"之类的话以示歉意。用餐时，要对主人的厨艺进行褒奖，并感谢主人的宴请，或者于此时邀请主人以后到自己家做客，以示回敬。

提出告辞时，主人一般会说"再坐坐"之类的客套话。告别前，应该对主人的友好、热情等予以肯定，并说"不好意思打扰了""给您添麻烦了""谢谢您的盛情款待"之类的客套话。起身告辞的时候，主人起身相送，客人应说"请留步"之类的客套话，主动向主人伸出手相握，以示告别，并请其留步。辞行时应向主人及其家属——握手或点头致意。如带有小孩，在告别时应提醒孩子对主人及其小孩表示感谢，并告辞。

📑 延伸阅读

1. 尊敬父母——母慈子孝。

逃离城市的老母亲

洪振瑚

几天前的一个傍晚，天已麻麻黑了，老弟打来电话问我："娘到你那里没有？"我说："没有啊！"老弟说："她早上就出去了，现在还没回来，会到哪里去呢？"我说："你赶快到她经常去的地方找！"

我很急，老母亲今年已经83岁高龄了，一年前随来吉首打工的小弟居住。小弟和母亲住老城区，我住新城区，间隔7公里。刚来吉首不久，老母亲在家上卫生间时，摔断了股骨，做了手术，行走不方便。老母亲对汽油特别敏感，闻到一口就会心慌作呕，所以特别晕车，一上车就会呕。去年大年三十夜里，我把她和小弟一家接过来一起吃年夜饭，结果她晕车晕得连年夜饭都没吃成，初一初二都还没缓过来。每次坐车，就像是害一场病，我想她不会搭车来我住的新区。

她老人家会去哪里呢？迷路了吗？不会，老母亲还很精明。会出什么事故吗？我想老天爷不会这样不长眼吧，不会这样不公平地对待一个慈祥善良的老人吧，母亲她刚摔断了腿啊！我在想，老母亲是不是真的逃离了城市回乡下去了呢？因为她曾几次对我说："吉首不好住，我想回去。"我说："你年纪大了，脚又不方便了，家里进进出出，高低不平，又没人专门照顾你，回去不方便，我也不放心。"老母亲说："我只要自己搞点饭吃，有什么不放心的？吉首又热，车多人多的，吵得很，不好住。"我说："反正你不能回去了，你想回去看看，哪天我送你回去看看就是。"后来我听老母亲的邻居跟我讲："婆婆讲过，她讲她哪天一个人回去，跟你们都不讲。"

我一边等待小老弟的回音，一边在想，是不是我们对她老人家哪些事没做好？突然，葫芦村的村主任刘荣庄给我打来电话，他说我母亲叫他告诉我，她已回到葫芦镇，晚上就住葫芦镇，明天再回家去，叫我不要担心。

这一夜我怎么也睡不着，想着腿脚不灵的老母亲回去后怎么生活，想着老母亲住进城来又执意要回去的原因，想着老母亲把我八兄妹抚养长大成人的艰辛……我和妻子也多次对母亲说，让她跟我们一起住，方便些。她就是不答应，说我们的房子大了，住在里面凉飕飕的，自己老了注意不到卫生，不方便。所以她一直跟着我最小的弟弟住。我也知道母亲对幺儿子的疼爱和牵挂，所以把自己该做的事情都做得好一些，生活上不让她老人家缺什么，对小老弟一家也尽力帮扶，好让她安心度过晚年。我和我的妻子、兄弟媳妇说，老人家这辈子太辛苦了、太艰难了、太不容易了，我们要好好待她，让她安享晚年。她们都赞成，在这方面也做得不错，没有怠慢老母亲。

我的老家在保靖县葫芦镇东北方向的印山台村。村子坐落在高高的山坡上。这是真正的"一夫当关，万夫莫开"的险峻之地，寨前是约15里长数百米高的悬崖绝壁，只有两条仿佛天梯一样陡峭的路能上去，跟李白《蜀道难》里"黄鹤之飞尚不得过，猿猱欲度愁攀援"的描述类似。寨前台地凸悬，视野开阔，无限风光。这里曾是革屯军的一个营盘，统兵官至千总，古城门、古城墙至今仍在。最近刚通了车，从葫芦镇乘车上去，约12分钟。以前不通车，我们走惯了的人上去，都要80分钟，途中还要歇息几次方能到达。而长期以来村里人的油盐酱醋、生活用品、生产资料，都要靠人肩挑背驮从葫芦镇运上去。村里缺水，要把谷子变成米，就要把谷子挑背下山，到葫芦河边的水碾里去碾。特别是到了冬天，冰雪封路，从村里下葫芦镇碾米，打货，那路才是难行的，没有经历过的人，无法想象。必须在脚上捆上稻草搓成的绳子，一步一步小心往前挪，否则就要栽跟头，摔下山去。而寨上，田地很少，村里人普遍粮不够吃，常常是靠挖野菜来填饱肚子。

母亲就是在这样一个恶劣的生存环境里，养育了我们八兄妹，你能想象到她有多么艰难吗？就是再艰难，她和父亲一道，吃不成穿不成，也要坚持让我们八兄妹都上学读书。因此，我们八兄妹都上过学，都有一点文化，只是后来遇到"三年严重困难"和"文化大革命"，比我年长的大哥、大姐、二姐才没有坚持下来。他们长大了，要到生产队做工挣工分，不然就吃不上饭。我觉得我的母亲和世界上千千万万慈祥善良的母亲一样，才是真正平凡而伟大的人，才是值得讴歌的人。10多年前，我写了一篇讲述母亲故事的文章，叫作《母爱，总这样深》。曾在团省委工作的老同学龙卫平读过后，很感动，他坚持要把这篇文章发到网上。他在输入这篇文章的时候，边输入边流泪，泪水不停地落到键盘上，把键盘都打湿了一大片。输入完，他执意要我带他去拜见老母亲，我带他去了，慈祥朴实的母亲又一次让他话语哽咽、动容落泪。

母亲对我们付出的爱是永远也无法报答的。在我四五岁的时候，母亲每天都要上山出集体工，不能管我，只好把我送到离家3里地的大队幼儿园。早上，母亲要赶着上工，没有时间来看我，但晚上收工时，母亲总要绕道来幼儿园看我，给我一把这样那样的野果子。再后来便是"三年困难时期"，家里的生活就更苦了，一家人的生活主要靠母亲每天上山挖蒡挖蕨和采撷野果来维持。母亲是寨子里最能干的妇女，每天总能挖回两三捆蒡蕨来，或是背着满背的野果回来。那年月，这些东西就是生命的希望。现在想来，我这百多斤骨肉，全是母亲的血汗、母亲的心和母亲挖回来的蒡蕨与采撷回来的野果捏凝而成的。我家住的寨子上没有完全小学，我在村子里读完四年级，就得到葫芦公社完小去读五年级了。学校空出一大间教室让我们学生自己做饭吃。每个星期，母亲总是把柴米油盐给我备好，可她和家人却常常挨饿。后来我读了中学，因实在交不起大米，就只好走读。每天雄鸡开始报晓时，母亲就得起床做饭，让我好赶到学校早读。春夏秋冬，雨天雪地，母亲天天都要早起。我实在不忍心，有时要自己起来做饭，母亲却不让。她说："起早了，上课就打不起精神。"母亲就这样，每天以燃烧柴薪的火焰来迎接东方天边的曙光，直到我从初中读到高中，又读完了高中。后来我考上了大学，离家上学去的时候，她老人家哭了，但是没有哭出声音……

离家出外学习和工作很多年，母亲从没捎信叫我回家。一次，她老人家害了一场大病，挨了半个多月，直到医生说她生命难料的时候，才叫家人打电报给我。我急忙赶回家，母亲躺在床上，声音微弱地对我说："你工作忙，明天你回去吧！"母亲说这话的时候眼里转动着泪，但没有流出来……

在艰难的生存环境里，母亲铸成了这种坚毅。这种坚毅让我望尘莫及。就在一年前她摔断腿骨住院时，医生告诉她要做手术，但做手术有一定风险，因为她年纪太大了，要她考虑好。母亲显示出来的那种从容、那种淡定让我吃惊！在临进手术室的时候，她的表情非常自然，很坦然、很镇定地对我们说："我年纪大了，总归有那一天，万一我有什么事，你们也不要悲伤，搞好你们个人的工作，后事简简单单办下，不要大手大脚浪费了。"听母亲说这话的时候，我除了流泪，说不出任何话来。

我多么希望母亲能和我们住在一起，希望她过好晚年，可是她却悄悄地回去了，回到了她洒满汗水、洒满艰辛的那一方山水间。我知道，她深爱着生长她的那一片故土，深爱着成长了她的儿女的那一片故土，深爱着亲手开垦挖刨的那些坡地……在母亲回到家的这几天里，我也几次回到她的身边，一边给她安排下锅碗瓢盆、衣被炭火，一边试图说服她重返吉首，在城里生活。可她说不会再回到吉首住了。为了打消我劝她回城居住的念头，她对我说："我不去了，屋里好住些，空气好些，水也好吃些，到吉首身上痒得很，一天不洗过不得，回来后身上也不痒了，好了。你们的孩子都大了，不要带了，我老了，还能跟你们住多久啊？莫给你们添麻烦，你们各搞好你们的工作！"

啊！我似乎明白了，母亲离城回乡，既有她故土难离的情结，更有她对自己孩子的疼爱。母亲对孩子的爱，在她生命终止之前，是不会停止的，只是在各个不同的阶段，表达的方式不同罢了！

这是怎样的一种情怀。

2. 翟文明，夏志强，春之霖，等. 社交与礼仪知识全知道[M]. 北京：中国华侨出版社，2010.

📺 视频链接

1. 做客礼仪。https://v.qq.com/x/page/y0549d2sbh7.html。

2. 家庭礼仪（做客礼仪）。https://v.qq.com/x/page/k01922zj11w.html。

作为一个现代社会的公民，出门在外，懂一些出行的礼仪是非常有必要的，出行总是离不开乘车、走路、开车等。中国古代号称礼仪之邦，古人时时处处都有讲究。在先秦时期，我们的祖先在出行礼仪方面就已经有了乘车的礼仪规范。那时大家乘坐的是马车，在《论语·乡党》中就有"升车必立正于执绥"的礼仪规范，这里的"绥"指的是上车时扶手用的索带，这句话的意思是：上车必抓住挽手的绳子，端庄肃立——这是古代乘车的标准姿势。到了现代社会，出行礼仪有了新的内涵。出行礼仪，是指人们出行时应该遵守的礼仪规范，是人们在生活中应当具备的基本素质之一。随着我国经济的高速发展，交通变得越来越便利，人们的出行也变得越来越容易，但随之而来的是一系列的社会问题，一些人在出行过程中的不文明行为相继被曝光。可见人们在出行的过程中掌握一些相关的礼仪知识是十分有必要的。本章将从行路礼仪、行车礼仪、乘坐电梯礼仪、搭乘公共交通工具礼仪以及公共场所礼仪等方面介绍出行礼仪方面的知识。"不积跬步，无以至千里；不积小流，无以成江海。"文明细节虽小，却是"天大的小事"。文明出行，从我做起，从点滴小事做起，才能让文明礼仪在全社会蔚然成风，让我们做文明出行的宣传者、实践者。

第 四 章

出行礼仪

第一节　行路礼仪

案例导入

行人不走斑马线横穿马路致车祸屡屡发生

2014 年 5 月 13 日上午 9 点 55 分，在上海白云路附近，一名孕妇违规横穿马路，被一辆轿车撞飞。

2017 年 7 月 25 日，山东省潍坊市公安局交通警察支队官方微博发布，22 日下午，济南一名中年女子违规横穿马路时被撞倒并压在车底，众人抬车救人仍然没能挽回她的性命。

这些血淋淋的事实无不告诫人们出行时遵守交通规则是多么的重要。文明出行、安全出行关系你我他，更关乎生命。行人在过马路时，要遵守交通信号灯，并走行人斑马线，要知道人的生命只有一次，自己要懂得珍惜。

一、马路礼仪

大家每天上班工作、上学读书、外出办事、上街购物或散步等，都离不开走路，因此行路礼仪是一种人们最常用的礼仪。

（一）遵守交通法规

城市里大街上车水马龙，南来北往的车辆热闹非凡，外出行路一定要遵守交通规则，这不仅仅是礼仪的要求，更是对生命的尊重。城市道路一般分为机动车道、非机动车道和人行道。人车分流，各行其道，这是常识和基本的交通规则。行人走人行道，可保证行人安全，同时可保证车畅其流，维护正常的交通秩序。

行人靠右走，红灯停，绿灯行。这是必须遵守的最起码的交通规则。在部分城市，许多人还没有养成遇到红灯停下来的习惯，看到红灯亮了，还要强行通过。这不仅会影响正常的交通秩序，而且很容易发生交通事故，造成人身伤亡。

横过马路要小心。"别让文明缺失，莫用生命赶路！"为了生命安全，行人在过马路时要走人行横道，不乱穿马路，不翻越栏杆。在没有红绿灯的地方横过马路应小心谨慎。安全的做法是：如一眼就能看清路上没有车辆通行或车辆较远，就直行通过。如果路上车多，要在路边暂停，先向左看，待确定没有车辆过来或车辆尚远后直行，走到马路中界线再向右看，如能确定没有车辆过来或车辆尚远就通过；如不能确定，要暂停，待确定能通过后直行通过。过马路时，动作要迅速，不要拖延迟缓。任何时候都要注意，不要没看清路上车辆行驶的情况便突然起跑横穿马路，特别注意不要从车辆的后面突然起跑横穿。

过马路时若看到身边有老人、小孩和盲人，要帮助他们一起安全过马路。

行人过马路，遇红灯时应耐心等待绿灯

行人过马路，绿灯时要走人行横道

（二）注意走姿

走路的姿势是一个人精神面貌的体现。人的走姿千姿百态，没有固定的模式，但是从礼仪的角度来说，行走时应步伐稳健、步履自然。正确的走姿应该是挺胸抬头，不驼背含胸、乱晃肩膀，目视前方，双肩自然下垂，两臂自然地前后摆动，重心可稍向前倾，脚抬得不宜过高，但也不宜过低而使鞋底与地面摩擦。

（三）礼让为先

行人之间要相互礼让。马路上车辆川流不息，人来人往，比肩继踵，因此要倡导互相礼让。遇到老、弱、病、残、孕要照顾他们。在人群比较拥挤的地段，要有秩序地依次通过。一般的要求是：两人并行时，请年长者、女士或未成年人走在离机动车道较远的内侧；三人并行时，让尊者居中；前后行进时，让尊者居前位；青少年应主动给老年人让路，健康人应给残疾人让路，男士应给女士让路。

（四）注意卫生

行路时要注意爱护环境卫生，忌随处乱扔废物，忌随地吐痰、擤鼻涕。另外，不要边走路边吃东西，那样既不雅观，也不卫生。如果确实是肚子饿了或口渴了，可以停下来在路边找个适当的地方，吃完喝完再走。

（五）问候熟人

路遇熟人，要主动打招呼，切忌假装不认识、匆匆而过。如果遇到的是久别重逢的朋友，寒暄之后还想继续交谈几句，则应自觉靠边站立，以免妨碍他人行走。如果遇到街道另一边行进的朋友或熟人，可以同他（她）打招呼，点头致意就可以了，切忌在马路上高声叫喊，以免惊扰他人。

（六）不要围观

街头围观是一种非常不文明的习惯。有个作家说过："好的教养不是表现在不把作料碰翻在桌布上，而是表现在别人碰翻的时候自己不去看。"行路时遇到突发事件，如交通事故或别人发生矛盾，不要去围观起哄、添火加油，能为他人解决矛盾时，应尽力主持公道，如果自己无能为力，则要快速离开。尤其是不应围观外国人和身着少数民族服装的人。

2014年2月1日，在广西桂平市江口镇北街旧车站附件发生一起越野车与货车碰撞的交通事故，事故双方发生争执进而引发斗殴。在斗殴的过程中，路过的李某在旁围观，还掏出手机拍照，结果当事人一方的肖某误以为李某是对方事故人员，于是随手捡起地上的木板对李某进行殴打，致使李某头部受伤，倒地不起。派出所民警到达现场后立即将李某送去医院治疗，经鉴定，李某伤情属重伤二级。这个案例告诉我们，路人围观可能遭来横祸。事件当中的李某如果不围观拍照，而是选择快速离开事故现场，是完全可以避免被人打伤的事故的。

（七）切莫张望

一个人在街道上行走，行进的路线要一定。如果不是寻找遗失之物，切忌在行进中左顾右盼、东张西望，也不要从右边走到左边，再从左边走到右边。否则有可能阻挡后面的行人。

（八）正确挽手

如果街道上行人较多，则行进中的夫妻、情侣或朋友之间最好不要挽手而行。如果行人较少，则可挽手。正确的挽手姿势应是女士挽着男士的手，而不是男士挽着女士的手。若非女士体力不支，男士切莫挽着她在街上行走，否则将会贻笑大方。

（九）留神碰撞

人们在行走中常常提着东西，要留神不要让自己提的东西阻挡或碰撞他人。提东西一般用右手，最好不要"左右开弓"。如果是一群人并行，则提东西的人应走在外侧。

（十）忌窥私宅

途经临街的私人住宅时，不论其中有人或无人，均不能扒在门口或窗口向内观望，也不要逗弄其中饲养的宠物。

二、问路礼仪

大家在行路过程中都难免会遇到问路的情况，那么问路和被别人问路时应该注意的礼仪有哪些呢？

向他人问路时态度要诚恳，要用礼貌用语，如用"您好""请问""劳驾"等词开头。俗话说："走路叫声哥，少走十里多。"称呼一定要恰当，向他人问路时，应根据对方年龄、性别等特征恰当地予以尊称，并对打扰对方表示歉意，然后说明自己的意图；对方回答之后，不论自己是否满意，都要感谢对方。不可把他人招呼到自己跟前来问路。

当遇到他人向自己问路时，要热心回答，不能置之不理、冷漠对待。假如自己也不知道，则要向对方说明，请其转问他人，并表示歉意；千万不能随意地乱指而误导路人，这是非常不礼貌的行为。

第二节　行车礼仪

📋 案例导入

他为什么没有被重用

某 IT 企业员工小张年轻能干，很快被总经理注意到，并拟提拔为营销部经理。但是出于慎重考虑，总经理决定再对他进行一次考察。恰逢总经理要去省城参加一个交易博览会，需要带两名助手，于是便选择了带上公关部的刘经理和小张一同前往。小张也很看重这次机会，想好好表现一下。出发前由于司机小王已经乘火车先行前往省城安排一些事务，所以他们临时改为搭乘董事长的轿车一同前往。上车时，小张很麻利地打开了车前门，坐在了副驾驶的位置上，董事长看了他一眼，但小张并没有注意到。董事长驾车一路上很少说话，总经理好像也没有兴致，似在闭目养神，为活跃车内的气氛，小张找了一个话题："董事长，您的驾车技术太厉害了，有机会也教教我们呗，如果我们都自己会开车，那办事效率肯定会大大提高。"董事长专注地开着他的车，没有回答，其他人也无应和，小张感到很无趣，便也不再说话了。

这一路上，除了董事长向总经理询问了几件事，总经理作了简单的回答后，车内再也无人说话。到达省城后，小张悄悄问刘经理：董事长和总经理好像都有点不太高兴。刘经理告诉他原因，他才恍然大悟。

会后从省城返回，车子改由司机小王驾驶。刘经理由于一些事情要处理，需在省城多待一天，同车返回的还是4人。小张想，这次不能再犯同样的错误了。于是他打开前车门请总经理入座，总经理坚持要与董事长一起坐在后排。小张诚恳地说："总经理您如果不坐前面，那就是不肯原谅来的时候我的失礼之处。"并坚持让总经理坐在了前排才肯上车。回到公司，同事们知道小张这次是同董事长和总经理一起出差的，纷纷猜测小张会被提拔，并提前向他祝贺，然而，时间过去了几个月之久，小张被提拔的事却一直无人提及。

通过此案例可以得出一个结论：小张由于不懂得乘车礼仪而丢掉了升职的机会却不自知，可见在职场中懂得一些乘车礼仪是十分有必要的。

一、驾车礼仪

在现代生活中，汽车越来越成为人们生活中密不可分的一部分，许多不文明驾驶的行为也随之"普及"：会车时的大灯闪烁、堵车时的狂按喇叭、超车时的惊心动魄、在马路上上演"生死时速"大片……作为驾驶员，在道路上不仅要遵守交通法规，还要掌握一定的交通礼仪。文明驾驶礼仪在现代驾驶中已经变得尤为重要，而礼仪是一个国家和民族文明程度、道德水平、公民素质的标志，也是一个人道德修养、文化素养、个人综合素质的表现。所以，学习并遵守交通安全、文明驾驶法规和礼仪是当今社会一门必不可少的必修课。那么驾车时应该注意哪些事项呢？

（一）驾驶员行车时应遵守相应的交通安全标志线和法规

交通标志、标线和交通指示灯，是指示车辆和行人各行其道、顺序行驶的基本标志，是保障道路安全和畅通的基本条件。所有道路参与者都应该遵守相关规定。

（二）酒后坚决不开车

哪怕只饮了一小杯，酒精的刺激也会让人的反应能力急剧下降，当遇到突发事件的时候，会使人反应不及。俗话说："司机一滴酒，亲人两行泪。"很多重大交通事故都是司机酒后驾车所致。因此，司机驾车不喝酒、喝酒不驾车，不仅是礼仪的需要，更是生命安全的需要。

近年来，酒后驾车引发的悲剧不断发生。2004 年 5 月 11 日，著名影星牛振华就因酒后驾车发生车祸，不幸去世。在悼念牛振华的同时，我们也清楚地看到酒后驾车所带来的严重后果。请大家铭记：珍爱自己，珍惜生命，酒后坚决不开车。

（三）不要穿高跟鞋或有防水台的鞋开车

如果穿高跟鞋或有防水台的鞋开车，脚部的感觉会很迟钝，容易诱发交通安全事故。

（四）开车时一定要系好安全带

开车时驾驶员一定要系好安全带（副驾驶、后排乘客都需系安全带）。安全带是车辆行驶过程中保证车内人员安全最有效的手段，因此养成驾车先系安全带的好习惯很重要。

在《还珠格格》中扮演香妃的青年演员刘丹在一次交通事故中香消玉殒，车上三人只有她一人身亡。究其原因，前排司机和副驾驶都系了安全带，仅受了皮外伤；只有刘丹一人在后座未系安全带，在车子撞上护栏的一瞬间，刘丹被甩到了车外，头部着地，重重地摔在了高速公路上，后送到医院抢救，已是回天乏术。

驾车时一定要系好安全带

出于安全因素，驾车时请穿平底的鞋子

（五）驾驶时不使用手机

在驾车途中使用手机容易分散注意力，从而导致交通事故。

开车使用手机，几乎每天都在各地上演。开车使用手机不仅威胁到驾驶员自身的人身安全，一旦出现重大交通事故给亲人带来巨大的痛苦，更给广大路人埋下安全隐患。目前，世界上已有约 50 个国家和地区明令禁止驾驶员在开车过程中使用手机。

开车使用手机也导致大量违规驾驶行为的发生，如降低车速或刹车，因身体不平衡猛踩油门，方向盘把握不稳，忘记使用提示灯光，发现意外状况犹豫不决、反应迟缓、操作不当等。交警提示："安全驾车，勿一心二用。"

（六）不往车外抛扔杂物

驾车时不要往车窗外扔杂物或吐痰，也不要把车内音响开得太大。

（七）遇到会车，要相互礼让

不飙车、不开斗气车，在路口转弯时应减速或停车，让直行的行人或非机动车先行。

（八）过斑马线时要让行人先行

应该在斑马线外减速，最好停在1米之外，不要按着喇叭加速和行人抢道。下雨天开车，旁边有行人时，要减速慢行，不要把水溅到行人身上。

（九）不要让儿童坐在副驾驶位置

要让儿童坐后排，同时还要使用儿童安全座椅。

（十）注意安全距离

行驶时车与车之间要保持安全的距离，拐弯时要进入适当的车道。

（十一）停车

不随便乱停车，停车前要减速，靠边停车时应打右转向灯。

（十二）变道

不强行加塞儿、不争道抢行；避免在快车道上低速行驶。

（十三）礼让

遇到盲人或其他行动不便的行人，应减速慢行，必要时应停车。

（十四）鸣笛

驾车行驶在路上不乱鸣笛，尤其是进入居民小区后，更不能鸣笛，且一定要减速慢行。

（十五）不要对车内过度装饰

不要放太多车内装饰，如香水瓶、各种挂件和车贴，否则会干扰视线，可能会带来安全隐患。

（十六）车灯的使用礼仪

天暗时，要开示宽灯；天黑时，要开大灯；对面来车要关闭远光灯，一般是在距离道路对向来车 150 米以外将远光灯改为近光灯；夜间开车乱打远光灯，已经成为一大公害，机动车驾驶员错误使用远光灯导致道路对面来车驾驶员产生视觉障碍，容易引发交通事故；起步、转弯、并线、停车时要打转向灯；雾天要开启雾灯；车辆发生故障要使用双闪指示灯；特殊车辆还有必要的警灯；等等。

（十七）要避免开着问题车上路

如在行驶过程中汽车发生故障，应尽量把车推到一边，防止造成交通拥堵，并在车后设置安全标志。

二、乘车礼仪

（一）座次礼仪

轿车的座次礼仪，不能一概而论，要根据驾驶人、车型、安全系数、嘉宾本人意愿的不同而不同。

第一，根据驾驶人而定。当主人亲自驾驶轿车时，一般前排为上，后排为下，以右为上，以左为下。最尊贵的座位是副驾驶，这个位置一定不能空着，要有人相伴。如果是专职司机驾驶，仍讲究右尊左低，因为右边上下车比较方便，但座次就变成了后排为上，前排为下。

第二，视轿车类型而定。吉普车大都是四座车，不管由谁驾驶，座次由尊而卑依次是：副驾驶座，后排右座，后排左座。因为吉普车底盘高，功率大，主要功能是越野，坐在前排更舒适，后排比前排颠簸得厉害。

多排轿车，指的是四排及四排以上座位的大中型轿车。无论由谁驾驶，都以前排为上，以后排为下，以右为上，以左为下。

第三，从安全系数考虑。从某种意义上来说，安全是乘坐轿车首先应当考虑的。在轿车上，后排座位比前排座位要安全得多。最不安全的座位是副驾驶座，最安全的座位是驾驶员后面的座位。

当主人亲自开车时，之所以副驾驶为上座，是因为它表现出对主人的尊重，也显示出自己与主人同舟共济。

第四，由嘉宾意愿而定。通常在正式场合乘坐轿车时，应请尊者、女士、来宾就座于上座，这是给予对方的一种礼遇。但更重要的是，要尊重嘉宾的意愿和选择。即嘉宾坐在哪里，就认定哪里是上座。即使嘉宾不明白座次，坐错了地方，也不要指出或纠正。

（二）上下车礼仪

入座时要大方端庄，从容稳重。打开车门后，转身背对车门，先轻轻坐下，将头和身体移入车内，再将双脚轻轻触碰一下，意为将脚底的灰尘抖落，然后双脚并拢收入车内，坐好后可稍稍调整坐姿。如果女士穿裙子，则在坐下之前先把裙子理好，坐下后再将双腿收入车内。女性穿低胸的衣服时，建议披一条丝巾，也可以用手按胸前，并尽量保持身体正直。

上车后一定要系好安全带。不要频繁开关车窗，不要随意翻动车上物品。

雨雪天气时，上车之前，要把雨具收好并用袋子装好；把身上的雨雪拍打干净；鞋子上如果有泥，要擦干净再上车。不在车内吸烟、吃零食、喝饮料，以免弄脏车内。不携带有异味的物品上车，不往车外扔东西、吐痰，不在车内脱鞋袜。

下车时，先打开车门，转身面对车门，同时将双脚慢慢移出车门，女士仍要注意双脚并拢，双脚落地踩稳后，再将身体移出车外。

（三）上下车顺序

上下车顺序的基本要求是：请尊者、女士、来宾先上车，后下车。

如果是主人亲自驾驶车辆，主人应后上车、先下车，以便照顾客人上下车。

乘坐专职司机驾驶的轿车时，坐在前排者应后上车、先下车，以便照顾坐在后排的人。上车时，同坐在后排的人，应请尊者、长辈、女士先从右侧车门上车，自己再从车后绕到左侧门上车；下车时，自己先从左侧门下车，再从车后绕过来帮助尊者下车。

为了上下车方便，坐在折叠座位上的人，应最后上车、最先下车。通常以距离车门远近为序，上车时距车门远的先上车，其他人依据由远到近的顺序上车；下车时相反。

第三节　搭乘电梯礼仪

📮 案例导入

少女遇电梯故障强行扒门逃生，从 10 米处坠下身亡

2005 年 8 月 5 日，贵州省遵义市的狮山大酒店发生了一幕惨剧：

一名 21 岁的女孩在乘直升电梯时，电梯出现了故障，她竟然强行扒开电梯门逃生，结果掉到了 10 米多深的电梯管道内，当场死亡。电梯内的摄像头拍下了她生命的最后 8 分钟。在酒店的电梯监控室可以看到，女孩当天傍晚 6 点 34 分走进电梯后，电梯便出现故障，停在半空中。女孩先是打手机求助，但似乎没有打通。随后她重重地敲了一下电梯门，并连续按电梯上的按钮。然后女孩开始用手扒门，她艰难地把电梯门扒开，发现前面是一堵墙。接下来，她开始第二次扒门，这次她发现脚下还有一道电梯门，并把这道门打开了，她伸进头去间隙处看了看，但很明显她并没有看到下面是一个长长的黑洞。她迟疑了一会儿，开始第三次扒门，这次她很熟练地打开了两道门，并做出了一个令人感到不可思议的动作——钻进去，虽然有一道门在她的腰上夹了一下，但这并没有阻止她做完这个动作。最后电梯门关上了，这个女孩也消失在我们的视野中。这时的时间是 6 点 42 分，离她进电梯只有 8 分钟。

这个案例告诉我们，在搭乘直升电梯遇电梯故障时千万不能自行扒门出来。

一、搭乘直升梯礼仪

等候直升电梯时，应自觉排队并站立于两侧，不可堵在电梯门口影响电梯里的人出电梯。

电梯门打开后，应让里面的人先出来，再有秩序地进入电梯。尽量让孕妇、老人、孩子和行动不便的人先进去，不可一拥而上。如果先进了电梯，应尽量往里站，挪出空间，让后进电梯的人有地方站。

电梯即将关门时，不要扒门。电梯超载时，不要强行挤人，自己靠近门口时要主要退出。如果携带较多物品，则应注意不妨碍其他人。

进入电梯后，应面向电梯口，可以看电梯门或显示的楼层数字，不要四处张望或盯着某一个人看，避免发生与陌生人脸对脸的尴尬。在电梯中不吃东西，不喝饮料，不大声接打电话，不丢垃圾，不蹦跳。即使电梯内装有可以充当镜子的装饰，也不要在电梯内整理仪容，无论身边是否有人。

由于直升电梯是一个相对封闭的环境，在搭乘直升电梯时吸烟是不文明的行为，且严重危害他人的身体健康。

站在电梯楼层按钮旁边时应做好电梯开关的服务工作，可以主动询问其他人："请问您到几楼？"别人告知后，代其按按钮。如果位置远离电梯按钮，可有礼貌地请按钮旁边的人代劳，不建议自行伸长手臂越过人群去按按钮。别人代劳按了按钮后，要表示感谢。按按钮时动作要轻缓。

快到自己所去的楼层时，应提前等候在靠近电梯门的地方，不要等电梯到达时才匆匆挤出人群。出电梯时应遵守秩序，由外而内依次走出电梯，不要争抢。

乘电梯过程中如发生事故，不要惊慌失措，应马上拨打检修电话，耐心等候，不可冒险扒门而出。

陪同客人或长辈乘坐电梯时，先按电梯按钮。电梯门打开后，如果里面有电梯服务人员，则请客人和长辈先进入电梯；如果里面没有电梯服务人员，则自己要先进入电梯，一只手按住电梯"开"的按钮，另一只手按住电梯门，口中礼貌地说"请进"，请客人或长辈安全进入电梯。出电梯时，如果有专门的电梯服务人员，则自己先于客人出电梯，在电梯外指引方向；如果没有专门的电梯服务人员，则自己在内先按住电梯的开门键，让客人先出电梯后自己迅速出电梯并指引方向。

如遇火警，千万不要搭乘直升电梯逃生。因为发生火灾后，往往容易断电而造成电梯"卡壳"，给救援工作带来难度，影响及时疏散；另外由于电梯直通楼房各层，烟气会涌入电梯通道，极易造成"烟囱效应"，人在电梯内随时会被浓烟毒气熏呛而窒息死亡。

二、搭乘扶梯礼仪

第一，遵照惯例，文明乘梯。乘电梯时，应靠右侧站立，让出左边的通道，方便有急事的人通过。这也是搭乘自动扶梯的一种国际惯例，所以无论在哪里乘自动扶梯时，都应该遵守"靠右站立，左侧急行"的文明礼仪规范。我国《自动扶梯与自动人行道安全搭乘规则》里规定：公共场所搭乘手扶电梯时应该靠右站，将左侧

搭乘电梯时应遵循"手扶扶梯，靠右站立"的礼仪规范

作为急行通道，给有急事乘客通行。这可以更好地保证乘梯时有序有效的运行秩序。

第二，手要扶住电梯扶手，以免发生危险。

第三，主动照顾同行的老人和行动不便的人。儿童及其他无民事行为能力的人乘坐扶梯时，应当有成年人陪同。陪同儿童乘坐扶梯时，成年人应站在后方拉住孩子，并确保孩子所穿衣服、鞋子和身上挂件等，不会被扶梯末端卷入、卡住。

第四，有急事走急行通道时要确保安全，并向主动为自己让路的人致谢。

自动扶梯的紧急按钮

第五，不可逆行。

第六，当遇到危急情况时，靠近按钮的乘客应第一时间按下紧急停止按钮，扶梯就会在2秒内停下。当孩子遇到危险的时候，除了及时抱起孩子外，也需要立刻寻找紧急停止按钮。

在非紧急情况下，不要按此按钮。

第四节　搭乘公共交通工具礼仪

案例导入

女子阻碍高铁发车，以等老公为由用身体阻挡车门关闭

2018年1月5日，由蚌埠南开往广州南站的G1747次列车在合肥站停站办客时，一名带着孩子的女性旅客以等老公为名，用身体强行阻挡车门关闭，铁路工作人员和乘客多次劝解，该女子仍强行扒阻车门，并声称是为了"等老公，老公下来了就走"。造成该列车晚点发车。这名女子扒阻高铁车门的视频在网上引发热传。

公安机关对此开展了调查取证。1月10日上午，该旅客罗某到合肥站派出所主动承认了自己的错误。罗某的行为涉嫌"非法拦截列车、阻断铁路运输"，扰乱了铁路车站、列车正常秩序，违反了《铁路安全管理条例》第七十七条的规定，依据该条例第九十五条规定，公安机关责令罗某认错改正，对罗某处以2000元罚款。铁路警方提醒：广大旅客出行要自觉遵守铁路运输安全相关法律法规，听从铁路

工作人员指挥，自觉维护公共安全和秩序，共同营造和维护安全有序、文明祥和的旅行环境，文明出行、安全出行。

一、搭乘公共汽车礼仪

公共汽车是中国城市居民最常用的交通工具之一，平时上下班、双休日上街购物，很多人通常都会选择乘坐票价便宜的公共汽车。乘坐公共汽车，应当注意以下事项。

（一）上下车礼仪

在公交车站适当的区域候车，切勿站在行车道上。

遵守"排队上车、先下后上"的文明礼仪规范，不要推拉、挤撞他人，遇到老弱病残孕等行动不便的乘客时要让其先上车。

下车时要提前做好准备。由于公共汽车上往往比较拥挤，最好在下车的前一站就开始向车门靠近。如需他人让路，要有礼貌地打一声招呼，不要默不作声地猛挤猛冲，要向主动为自己让路的乘客说声"谢谢"，等车停稳后有秩序地下车。

（二）车内礼仪

上车后把物品安放到位，不要把自己的行李物品放在旁边的空座上或者通道上。尊老爱幼是中华民族的传统美德，不抢占座位，遇到老人、残疾人、孕妇及怀抱儿童的乘客要主动让座。如果自己也是站着的，要把有扶手的空间或空间大的地方让出来，不能熟视无睹。当他人为自己让座时，要表示感谢。

不占用特殊座位。汽车上都设有老弱病残孕专座，他人不应坐在这些有明显标志的座位上。

2015年8月25日晚上9点钟左右，兰州一辆127路公交车上，一名小伙因为坐在老弱病残孕专座上且不肯给一名老年人让座，引起公愤。在随后的言语冲突中，该小伙被另两名男子施以拳脚，这件事被一市民拍下来传到了网上。这个事件当中，打人者固然不对，但是对于不遵守搭乘公交车的礼仪、占用特殊座位的那个小伙子的行为，更应该给予上道德上的谴责。

上车以后，尤其是上下班的高峰期，尽可能地往车厢里面走，不要堵在门口，要给后上车的人留一席之地。

在公共汽车上由于空间狭小，磕磕碰碰难以避免，应互相谦让。如果不小心踩到别人或碰撞了别人，要马上轻声道歉；如果自己被别人踩了，也不要轻易发火，更不可在别人道歉后还得理不饶人，甚至破口大骂。

遇到雨雪天气，雨伞、雨衣等雨具不要放在座位上，要收好雨具，以免弄湿其他乘客。

不携带危险物品上车，不要将宠物带上车，不要在车上吃东西，不要在车内吸烟、吐痰，不要乱扔果皮、纸屑，更不要随手将垃圾扔出车外。

在车上要保持安静，不要在车上与同伴大声交谈；带着孩子的乘客不要让孩子在车上玩闹；在车上遇到熟人时点头示意即可，不必挤过去交谈。

二、搭乘地铁礼仪

地铁作为一种快捷的现代交通工具给我们的出行带来了极大的方便，不过我们在享受地铁带来的方便的同时也应遵守乘坐地铁的礼仪及相关规定。

第一，乘坐地铁一定要购票。

第二，在购票的过程中尤其是高峰时段人会很多，这时一定要排队买票，切记不要插队。

第三，搭乘地铁禁止携带危险物品，如易燃易爆物品等。

第四，在站台候车时切记不要越过黄色安全线或倚靠屏蔽门，按照标志线排队候车，应该先让下车的乘客下车，上车的乘客再依次排队上车。上下班高峰时段，乘客很多，在通道窄的地方，切不可故意拥挤，一定要按次序行走，否则，很容易发生危险。车门的警示铃响起时如果还没有上车，则应耐心等候下一班，而不要不顾一切地往车上挤。如果真的赶时间，最好的办法是提早出门。

第五，因为地铁的空间比较狭小，所以地铁内禁止饮食。乘坐地铁时，坐姿要规范，不可把脚伸到过道而影响他人通过。落座时，一定要注意坐姿的规范，尤其是女性，两腿应收拢、并紧，如果裙子太短，要把手袋放在腿上稍作遮挡，"走光"是很失礼的行为。

第六，乘坐地铁不能旁若无人地随意脱鞋袜，不能把垃圾丢在车厢内，不可一人占多席，更不可随意躺在座位上。

第七，地铁是公共场所，乘坐地铁时不要大声喧哗。不要大声接打电话，如果是听音乐、看视频要戴上耳机，防止发出声音干扰到别人。

第八，女性不要在地铁内当众化妆，情侣应避免在车厢内当众接吻。

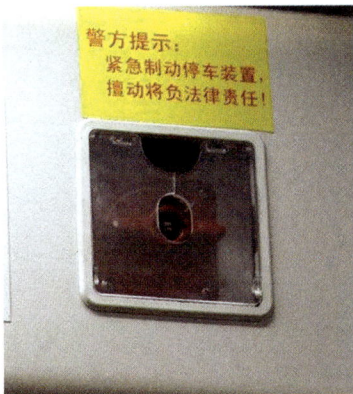

警方提示：
紧急制动停车装置，
擅动将负法律责任！

地铁上的紧急制动装置

第九，在地铁行驶过程中，乘客切记不要随意拉动地铁车厢内的紧急制动装置。该装置是在列车失去电力、发生火灾、地震、爆炸等严重危及乘客安全的紧急情况下才使用的，与乘客出行安全息息相关，切勿随意操作。随意操作该装置给列车运营或乘客带来严重影响的，将承担相应的法律后果。

2018年4月3日，一名女子在南京地铁一号线玄武门站车厢内拨动紧急制动装置，导致列车发车延误30秒。幸好由于列车刚刚启动，速度不快，未造成乘客惊慌和损伤。司机检查后重新启动上路。后该女子被警方带走。

三、搭乘出租车礼仪

出租车作为城市公共交通的一种补充，满足了那些需要赶时间的人们的需求，那么在搭乘出租车时应该注意哪些礼仪规范呢？

第一，搭乘出租车时，应该在出租车指定候车处，按顺序排队。如遇老弱病残孕，最好谦让，让他们排到自己的前边。

第二，在机场、火车站等场所等候出租车时，应该到指定区域排队。由于出租车也需要按顺序前行，所以应走向等在前面的车辆，不要干扰出租车本身的等候顺序。

第三，在一些禁止停车或上下车的地方，不应执意叫停出租车，不要为难司机。作为文明的乘客，应该配合司机遵守交通规则。

第四，如果向对面马路的出租车招手且该车已准备掉头，那么，此时即使有其他车开到你面前，也不应该为了方便就上车，而不理会正为你掉头的那辆车。

第五，乘车时，要爱护车辆及其设施，保持车内卫生。除了避免往窗外丢垃圾、吐痰等不良行为外，也不要把废弃物留在车内。如果携带有异味的食品或物品，应将其包严实，以免污染车内空气。下雨天，不要把湿淋淋的雨伞放在车座上。

第六，对出租车司机要谦和有礼。如果对司机选择的路线有意见，或不满意司机的服务，或司机在开车时接听手机等，要善意提出，注意文明用语，切勿与司机发生争吵。此外，为了让司机集中精力开车，应避免和司机长时间攀谈或做其他干扰司机安全驾驶的行为。

第七，下车时，应对司机的服务表示感谢，并说声"再见"，这样会让司机感到温暖。

四、搭乘普通火车礼仪

目前，虽然中国已经进入了高铁时代，但还是有相当一部分人在进行长途或短途旅行时会选择搭乘普通火车。因此，大家有必要了解乘坐火车的相关礼仪。

（一）有序候车

因为火车停靠时间短，因此乘客要提前到站。在候车厅候车时要保持候车室安静，不要大声说话、接打电话，不要旁若无人地聊天和嬉闹。在候车室休息时，一人一座，不可一人占多座，更不要躺在座椅上睡觉。

乘坐火车，均应预先购票，持票上车，万一来不及买票，应上车时预先声明，并尽快补票。

如果需要进站接送亲友，需要购买站台票。

（二）排队上车

检票时有秩序地排队，不要拥挤、插队。进入站台后，要站在安全线后面等候，要等火车停稳后，方可在指定车厢排队上车。上车时，不要拥挤，不要从车窗上车，要有次序地进入车厢，并按照要求放好行李，行李应放在行李架上，不应放在过道上或小桌上。

（三）车上就座礼仪

在火车上要对号入座，如果身边有老弱病残孕的乘客，要学会礼让。

火车上的座位排序是：靠窗为上，靠边为下；面向前方为上，背对前方为下。

（四）休息礼仪

在车厢内，不要随意脱鞋袜。在座位上休息时，不要东倒西歪，不要卧倒于座位上、茶几上、行李架上或过道上，也不要靠在他人身上或把脚放到对面的座位上。

在卧铺车厢休息时，可以躺在铺位上，但要注意着装，不能脱得太暴露。头部最好向着过道方向。上铺和中铺的旅客不要长时间占用下铺床位。需要坐时，要先询问对方，得到允许后要道谢。上下床时，动作要轻。

休息时，要注意姿态得体、衣着文明、看管好自己的随身物品，带孩子的旅客要管好自己的孩子。

到了车厢内熄灯的时间，谈话时应小声，不要影响其他乘客休息。

有吸烟习惯的乘客，要到列车的吸烟区或两节车厢间的过道去吸烟，在车厢内吸烟是不文明的行为。

（五）用餐礼仪

在餐车用餐，应节省时间。用餐后，应尽快离开以方便更多的人用餐。在车厢内用餐，也要节省时间，不要长时间占用茶几，也不要在茶几上摆放过多的食物。避免携带气味刺鼻的食物。餐后的垃圾应装在垃圾袋内。

在火车上是可以喝酒的，但只是为了促进饮食，不能像在饭店内一样推杯换盏、猜拳行令，更不能在车厢内酗酒。

（六）下车礼仪

下车时，要提前做好准备，整理好自己携带的行李物品，有序下车。

五、搭乘高铁礼仪

相比普通火车，高铁由于速度快、准时准点、乘坐舒适、费用又比飞机低，已经越来越受到更多人的青睐。那么在乘坐高铁时，该如何文明乘坐呢？

高铁始发站在开车前 20 分钟开始检票放行，通过站则提前 10 分钟检票放行，开车前 5 分钟停止检票；而且高铁的安检、实名制车票的核验都需要时间，所以要提前到达高铁站，为乘车预留出充分的时间。万一错过了乘车时间，可迅速到改退票窗口改签。

前面案例中的罗女士一家人就是没有遵守搭乘高铁需按时的礼仪规范，因其自身的原因延误了，没有去退票窗口改签而是做出了阻拦高铁准点发车的行为。最后她也为自己的行为付出了相应的代价。

进站安检时应自觉排队，按顺序将行李物品放在安检仪上；安检后请认准自己的物品，防止遗忘、错拿、丢失或被盗。

在站台候车要在安全距离外。由于高铁速度快，在站台上候车的乘客必须在距站台边沿安全距离（站台上划线标示）外候车。待车停稳后，乘客应按照前门下、后门上或"先下后上"快速有序地上车。

上车后乘客要把小件行李放在行李架上。高铁车厢与车厢的连接处设有放置大件行李的地方，大件行李可放于此处，而不要带进过道妨碍他人通行。不要把雨伞、玻璃器皿等物品放到行李架上，以免掉落伤人。

列车中途停车时，要注意检视自己的物品，谨防被其他乘客拿错或被人故意拿走。

高铁在各经停站一般只停车一两分钟，乘客上下车的时间很短，不要下车去休息、抽烟，以免耽误行程。

高铁属于全封闭式车厢，全列车禁止吸烟。即使在车厢连接处或洗手间内吸烟，列车监控系统也会自动报警，所以不要在车厢内吸烟。

六、搭乘飞机礼仪

飞机是目前世界上最快捷的交通工具，速度快、舒适、安全等特点也使其成了很多人出行的首选。由于空中旅行与地面旅行存在诸多差异，因此，掌握一定的乘机礼仪是必要的。那么搭乘飞机时应该注意的礼仪有哪些呢？

（一）登机前的礼仪

如果是乘坐国内航班，应至少提前一小时到达机场；如果是乘坐国际航班，应提前两小时到达机场。办理行李托运和登机手续时要配合工作人员的工作，如果托运行李需要开箱检查，应积极配合。

一旦拿了登机牌，要按时登机。如果不按时登机，可能会导致整个飞机不能按时起飞。因为你一旦拿了登机牌，就意味着行李可能已经托运，而你又没登机，就需要把所有的行李都清理出来，确认你的行李，看看里面是否有危险物品，这样会延误飞机上所有乘客的行程。

在候机大厅内，要照看好自己的行李，不要把行李车停在通道上，否则会影响他人。

遇到飞机晚点，应该不急不躁，听从机场的调度，耐心等候，不要大声吵嚷，更不能与机场工作人员发生

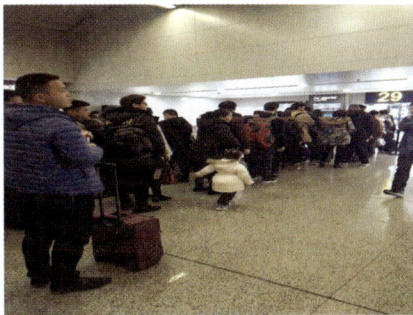

乘客在候机厅应遵循排队依次登机的礼仪规范

争执而做出一些过激的行为。2015 年 9 月 4 日，原计划北京时间下午 5：50 由曼谷飞往重庆的泰国东方航空 OX670 航班，被告知飞机晚点，不能按时起飞，一些中国游客沟通不畅，言行反应过激，在泰国廊曼国际机场唱国歌"旅游维权"，煽动其他游客不遵守机场公共秩序。视频上传到网上后造成了恶劣的影响，严重损害了中国游客在海外的形象。其中 4 人表现尤其恶劣，被列入"游客不文明行为记录"。

（二）飞机上的礼仪

进出舱门时，乘务人员会站在舱门口迎送乘客。他们热情、微笑着向你问好时，作为乘客，也应回应并向乘务人员点头致意或者问好。

进入机舱后，应尽快放好自己的行李，然后立即对号入座，不要站在通道上影响其他乘客入座。不要把手提包放在自己的身上。

在飞机上不要过多地使用香水和味道浓烈的化妆品，因为飞机的机舱内是密封的，通风不顺畅，浓烈的气味可能导致其他乘客头晕胸闷。

飞机起飞前，要听从机组人员的安排，系好安全带，收起小桌板，认真观看视频。如果是靠窗的座位，应主动打开遮光板。遵守飞机上不使用手机的规定，以免干扰飞机飞行。坐在安全出口处的乘客，不要随意打开飞机上的安全门，不要随意触碰有明显标志的装置。

飞机起飞前应系好安全带，调直座椅靠背

飞机上禁止吸烟。在飞机上吸烟是一种极为危险的威胁到自己和他人生命的自私行为，严重危害飞行安全。飞机上最怕的就是火，所以一切能够引发火患的东西都是被禁止的。

2017 年 1 月 8 日，在成都经徐州飞往大连的 3U833 次航班上，机组工作人员发现乘客蒋某在卫生间内吸烟，立即报警。最终，蒋某被罚款 3000 元人民币，登机前往大连的资格也被取消。

在飞机上可以看书看报，邻里之间可以交谈，但聊天不宜打扰到他人休息，音量要适中，更不要隔着座位和同行的人聊天。飞机上熄灯时间请尽量保持安静。

一架飞往泰国曼谷的夜班航班上，有两个中国乘客在飞机上大声喧哗，影响前排乘客休息，在前排乘客指出后他们反而用刀叉刺伤了前排的一个乘客，在国际上造成了非常恶劣的影响。尤其是泰国的航空公司还因此把不锈钢的刀叉换成了塑料的餐具，由这两个中国人的不文明行为促成了泰航餐具的一次改革，真的让人觉得脸红。

飞机上不宜讨论有关劫机、坠机、撞机等不幸的事件，也不要对飞机的性能信口开河，这样会对其他乘客的心理造成恐慌。飞机虽然是目前世界上最安全的交通工具，但是并不代表不会出事，而且一出事基本上生还率为零，因此大家在乘坐飞机时不要谈论有关空难的一些相关话题。据说俄罗斯人乘坐飞机还有一种习惯：飞机一安全着陆，机上的所有乘客都会鼓掌。

飞机上的座椅可以调整靠背的角度，便于乘客休息，但调靠背时要考虑到后面的乘客，不要突然放下座椅靠背，或者突然恢复原位置，否则会惊扰到他人。就餐时，请主动调直坐椅靠背，以方便后排乘客用餐。后排乘客也请留意，不要用膝盖顶前排乘客的坐椅靠背。

2015 年 4 月，某女士搭乘大连至深圳的 ZH9724 航班，在飞机上因调整座椅问题与他人发生争吵、打闹，因扰乱公共交通工具秩序被警方处以行政拘留 5 日。根据《国家旅游局关于游客不文明行为记录管理暂行办法》的规定，将其列入游客不文明行为记录，时效两年。

休息时，请注意自己的坐姿和躺姿，在飞机上坐下后不要随意脱鞋，更不能把脚伸到前排座椅的靠背上。

如果携带孩子，请尽量使孩子安静下来，避免孩子在过道中来回跑动而受伤。还要引导孩子说话小声，出现哭闹要及时安抚，并向周边乘客表达歉意。

乘务人员的工作非常繁重，不要把他们当成保姆随意使唤。如果对他们的服务有意见，可以下飞机以后投诉，而不是在飞机上大吵大闹。

飞机上的卫生间是男女共用的，因此一定要保持卫生间的清洁。飞机上厕所有限，使用要尽量迅速。女性不要长期占着卫生间，在里面补妆。

不要在供应餐饮的时间到卫生间去，因为餐车在通道中间，乘客是无法通过的。

下飞机前，要将个人垃圾包好集中放进座位前的垃圾袋内，不要随意丢弃。把飞机上的物品（如耳机、毛毯等）整理好，以减轻乘务员的劳动强度。

飞机着陆后，不要急于开启手机，不要马上站起来去拿行李。要等信号灯熄灭以后，再解开安全带。带好随身物品，依次走出机舱。出舱门时，不要忘了向乘务员道谢。

第五节　公共场所礼仪

案例导入

请评价小李和他朋友们的行为。

春节期间，小李和几个好友一起到三亚度假。第一次来到三亚旅游，他们格外兴奋，并入住了当地一家四星级酒店。顺利入住后，他们白天去外面欣赏美丽的风光，晚上就一起在酒店的房间内痛快地喝啤酒、打扑克。每天晚上他们的房间都烟雾缭绕，酒瓶乱扔，烟头烟灰到处都是。

旅游结束，离开酒店时，他们被告知要赔偿损坏的物品。小李和朋友们很奇怪：他们并没有损坏物品啊。原来酒店服务员在打扫房间时，发现地毯被他们乱扔的烟头烧出了许多痕迹，已经变得斑斑点点，根本无法修补了。

一、商场礼仪

在日常生活中，逛商场、在商场购物已经成为人们必不可少的一项活动。尤其是女性，对逛商场更是乐此不疲。在商场购物，购买的不只是商品，还有一份舒适、愉悦的心情，而美好的购物环境也需要大家共同去营造。

在逛商场时，着装要得体。不要穿着睡衣或光着膀子进商场，这是对别人的不尊重，也是没有素质的表现。逛商场时不要带宠物入内。

逛商场时，通常会有营业员陪伴左右不时主动询问你的需要，这时要及时应答。如果不需要他（她）的陪伴，可委婉地拒绝："我自己先看看，

逛商场时的着装要得体

需要时再叫您。"如果需要营业员的介绍和讲解，也要说明，不可对营业员的问话置之不理。

如果看上了某样东西而要呼唤营业员，应该注意语气语调的平和，不要用命令的口吻高声呼叫。称呼营业员时不要叫"喂"，对年轻的女性营业员可以称"小姐"，对年长一些的女性营业员可以称"女士"，对男性营业员可以称"先生"。虽说顾客是"上帝"，但是以"上帝"自居的人往往并不能得到"上帝"享受的服务。只有当你态度谦和，礼待他人的时候，才有可能赢得别人对你的尊重和礼貌。当营业员在忙着招待其他顾客时，要耐心等待，等得久了，可以提醒对方一声，但不可发脾气，更不要撒野骂人。

商场作为公共场所，提供了休闲、放松、购物的功能；购物者也应共同去维护商场的环境卫生，做到在商场内不随地扔垃圾或其他杂物。女性常常结伴去商场，在聊天时要注意控制音量，不要旁若无人地大声说话、叫喊、嬉闹。大部分商场都是禁烟的，即使没有明显的禁烟标志，也不要抽烟。

在商场试穿衣服时，要小心谨慎，不要把口红、眼影等弄在衣服上。有些衣服是不能试穿的，如浅色衣服或内衣。如果不小心损坏了相关商品，要实事求是地照价赔偿。选购商品时，最好不要过分挑剔，对于自己不会购买的东西，不要一再地打扰营业员，否则会影响到其他顾客购物。试穿衣服后，要及时归还给营业员，不要随手一丢。不管有没有购物，在离开时，都要向为你服务过的营业员真诚地道声"谢谢"，感谢他们的热心服务，不可一声不吭地转身就走。

女性和男士一起到商场购物时，尽量不要拉着男士去女性的私密商品处，否则会令男士感到尴尬，也会影响其他女性购买商品时的放松和随意。

尽量选择和自己消费水平、购物观念差不多的朋友一起逛商场，否则容易发生分歧，造成不快。在为同伴做参谋时，不要主观武断，也不要一味迎合朋友，要给出中肯的意见，这会让你的同伴更信任你。和同伴购物时，不要只考虑自己，只让对方陪自己逛，要适当地为对方考虑，问问对方有没有想逛的地方，两个人是分开逛再会合，还是一人先陪另一人逛。

挑选商品时，要轻拿轻放，看后放回原处。如果手上有污渍，则应避免触摸商品，尤其是食品。使用商场手推车时，注意停放的位置，不要停在主要通道上，以免影响行人，用完后应停放到指定的位置。已经选好放在购物车里的商品又不想要时，尽量放回原处，不要随意乱放。如果是需要冷藏的食物，一定要放回冷藏处；如果到处乱放，而营业员也没有及时发现，食物就会变质，既增加了服务人员的工作量，也造成食物的浪费。

带着孩子去超市时，注意看管好孩子，不要让他们到处乱跑、乱拿东西，防止损坏商品或者遇到危险。超市陈列的食品，有些提供试吃服务，可以尝过以后再决定是否购买。如果没有设置试吃的标志，不要盲目试吃。需要退换商品时，要向商场方面说明退换的理由，并提供购买商品的相关凭证，如购物小票或发票等。有些特价商品是不允许退换的，所以要在购买时看清说明，考虑周全。

总之，养成良好的购物习惯，有利于营造和谐的购物环境，让自己和他人都心情愉悦。

二、宾馆礼仪

宾馆，又称酒店。宾馆礼仪，是指人们入住宾馆时要遵守的行为规范。

（一）提前预订

需要住宾馆的时候，最好提前预定，选择自己所需要的房型、入住时间、打算住几天等。预定的方式也是多种多样的电话、短信、网络平台等，无论哪种方式，最好在预订房间后再打个电话给宾馆，确认信息。

预订房间后，如果比约定的时间晚到，一定要提前打电话告诉宾馆，是继续保留，还是取消预订。

（二）登记入住

这是住宿宾馆的第一步，也是与宾馆服务人员的第一次接触。有礼貌地登记、入住会让您在宾馆的住宿更加方便、舒适。

登记时要准备好所需的证件，如有预订，应告诉前台服务人员相关信息。如果办手续的客人比较多，则耐心排队等候，不要焦躁地催促，或埋怨宾馆前台接待人员，或在大厅大声喧哗、吵闹。

在宾馆住宿时，对所有的工作人员都要以礼相待。无论是在电梯，还是在餐厅，或是在大厅，在接受工作人员提供的各项服务时，要尊重、体谅他们，并诚挚道谢。

严格遵守宾馆的规定。到房间后仔细阅读宾馆的各项介绍，在享受宾馆服务的同时，也要遵守宾馆的规章制度。

宾馆是给住宿者提供休息的地方。宾馆里的大厅、走廊、餐厅等是公共场所，在这些地方，不要表现得太过随便，不能穿着拖鞋、睡衣出现在这些场合，也不要大声说话和吵闹。

在宾馆住宿时，有无良好的个人卫生习惯会显得十分重要。虽然打扫房间是服务员的工作，但也不要理所当然地不注意卫生，要将垃圾扔到垃圾桶里面，东西也要摆放整齐，尤其是不要拿床单或者毛巾擦皮鞋。这样既体现你的素养，也可减轻服务员的劳动强度。

用浴盆沐浴时，浴帘的下面要放在浴缸里，以免弄湿地面。这样既方便服务员打扫卫生，也防止因为地面水多而滑倒。

如果在宾馆连续住几天，床上用品、毛巾和牙具等不必每天更换，需要更换时可按宾馆指示将指示牌放到指定处。这既是为了环保，节约用水，也是为了减少服务人员的工作量，这样的客人一定会得到宾馆的尊重和欢迎。

入住宾馆后要注意卫生，要保持东西摆放整齐

在房间看电视时，音量要适中，不要太早太晚开电视，以免影响他人休息。

不要在客房中招待客人，如果确实需要，那么注意人数不要太多，交谈的时间不要太长，要尽量放低音量。

到别人房间去聊天，也要把握时间，不要影响他人休息。

不要在宾馆的房间内生火做饭。

（三）离店礼仪

离店前应提前告知宾馆前台退房，感谢他们的周到服务，同时也可节省办理离店手续的时间。

如果房间物品有损坏，要主动告知宾馆，如需赔偿，也要勇于承担。

洗发水、牙刷、肥皂等免费一次性用品可以带走，但是有些物品是有偿使用的，如贴了标签的洗漱用品、食物等，如果盲目带走，结账时会令你非常尴尬。

三、影剧院礼仪

随着物质生活水平的提高，人们对文化生活的需要也日益提升，所以到影剧院看电影、看艺术表演的机会也越来越多了。电影院、剧院等是比较高雅的文化场所，进剧院观看艺术表演、听音乐是一种高雅的艺术享受。因此，在影剧院观看电影、演出的时候，要注意一些细节和礼仪，使自己的仪表仪态、行为举止与影剧院的氛围相协调。

（一）影院礼仪

要注意自己的形象。衣着要整洁大方，女性不可着背心、拖鞋或暴露的衣服，男士不能光着膀子。

应提前入场对号就座。晚到会影响他人观看，打断他人的思路。假如已经迟到了，则应悄悄入场，走路要轻，姿势要低。自己的座位在中间时，要有礼貌地向已经就座的人示意，请其让你通过。经过让行者时要与其正面相对，不能让自己的臀部对着让行者的脸。如果戴了帽子，就座后应摘下帽子，头部不要左右晃动，也不要不停地来回走动，以免影响后面的观众。不要把脚踩在前排座位背面，以免弄脏座椅；不要抖腿踢前排的座椅；影院是相对封闭的公共场所，观影时切不可脱鞋。

观看电影，要保持影院安静。不大声说话，不交头接耳，对于已经看过的影片，不要主动讲解、介绍、评论，剧透很令人讨厌。不在影剧院内接听电话，手机要调成震动或静音，要把手机亮度调到最低，观影时不要拍照。

提前入场，对号入座

如携带小朋友一起观影，请照看好小孩，不要让他们在影院内到处乱跑而摔倒；如遇到小孩大声哭闹，而又安抚无效，请尽快带小孩离开影院，以免影响他人观影。

保持影院的卫生，不吃带皮、有声响和味道大的食物，饮料瓶等垃圾在离开时要带走。

年轻情侣在看电影的时候，不要把头凑得太近，以免影响后排人的观看。

（二）剧院礼仪

到剧院听音乐会或看歌剧时，要注意自己的形象，一般提倡穿正装。在有些西方国家，穿着牛仔裤、运动裤等都是不允许进入剧院的。目前在国内，观众只要穿着整洁大方就可以了，切忌穿着背心、短裤、拖鞋等入场。

到剧院看演出，一般应至少提前 10 分钟到达，迟到是很不礼貌的行为。万一迟到了，也应该在场外等待剧院方放行后再安静进场，尽量不要影响观众的欣赏和表演者的演出。

在开演前请把手机关闭或者调至静音、振动状态，演出过程中，切记不要长时间或多次凑过头去和同伴交流，否则既影响后排观众的视线，又影响他人的听觉感受。哪怕遇到你很熟悉的乐曲，也不可得意忘形跟着低声哼唱。

在剧院内看演出拍照是一件很忌讳的事情，相机最好不要带。若你想留个纪念，应在开演前、中场休息时或演员谢幕时拍照。演出期间使用相机（尤其是屏幕光、闪光灯和快门声）会对表演者和其他观众带来很大的影响。

在观看演出或者音乐会时，要有礼貌地适时鼓掌，以表达对演员、指挥、导演等所有演职人员的尊重和谢意。鼓掌要掌握好时机，不能随心所欲，想鼓就鼓。当演员首次出台亮相时应鼓掌；乐队指挥进场时应鼓掌；一个个高难度的杂技动作完成时应鼓掌；一首动听的歌曲演唱完毕时应鼓掌；如果是音乐会，无论是交响乐还是独奏或协奏曲，乐章间的停顿是不应鼓掌的。当指挥的手举起在空中的时候，说明音乐还没有结束，就不宜鼓掌。当指挥的手放下，转身向观众鞠躬或者挥手的时候，则是鼓掌的最佳时间。若是歌舞剧，每幕演完应给予掌声。中国戏曲、戏剧等演出则相对随意些，精彩之处观众的鼓掌叫好更能激发演员的才情。在观看演出时，鼓掌若不当，就会产生副作用，不仅影响演出，而且大煞风景。

不要提前离开，这是对所有演职人员的尊重。观看演出，要在演出结束后报以热烈的掌声，等演员谢幕以后再退席。如果确实需要中途离开，离座时一定要弯腰行走，并对被挡住视线的观众表示歉意。

四、医院礼仪

人一旦生病住进医院，最需要的莫过于亲人和朋友的关心、安慰。病人往往是脆弱的。去看望病人，送什么、说什么才能在不打扰病人的前提下给他安慰和鼓励呢？

（一）时间要选好

医院不是 24 小时营业的超市，不是任何时候去探望病人都可以。不要在大夫查房或病人治疗的时间去探视，这时既影响病人治疗，也达不到探望的目的。因为休息对病人来说很重要，所以不要选择早晨、中午、深夜或病人吃饭的时间前去探望。最好的时间是下午 3 点到 5 点和晚上 7 点到 9 点，这些时段病人已经结束了当天的治疗，又休息得比较好了，正盼望有人来说说话，你的出现一定会让他开心。

（二）送礼有讲究

到医院探望病人时，一般都带一些营养品、水果、鲜花等礼品送给病人。送礼有讲究，一定要考虑病人的病情和需求，如果不慎送错，让病人吃错了食物，反而有可能影响或加重病情。

糖尿病人适合送诸如蜂胶、花粉、蜂王浆等补品。忌送糖分高的食物，如巧克力、糕点、罐头、蜂蜜、苹果、哈密瓜、葡萄等。

肝炎病人适合送龙眼、荔枝等温热的水果，大枣也是较好的补品。忌送梨、葡萄、柚子、石榴等寒性水果。

胆囊炎、胰腺炎病人适合送含维生素 C 的水果，如猕猴桃、鲜枣、草莓、橙子等。忌送油腻的肉类，如猪蹄、肥肉、鸡鸭等；忌送高油脂的食品，如核桃、腰果、花生、油炸食品。

结石病人适合送复方阿胶浆、生核桃、黑木耳、西瓜。忌送菠菜、豆类、茶叶、李子、柿子等食物，因为这些食物的草酸含量过高，而结石病人的体内草酸过量。

胃溃疡、十二指肠溃疡、胃酸过多的病人适合送木瓜，因为木瓜汁能保护胃壁，还可以送牛初乳、蛋白质粉、藕粉等营养品。忌送生冷水果及油炸食物，以免损伤胃黏膜而加重病情。

哮喘病人宜吃一些能够化痰、润肺、止咳的水果，如橙子、香蕉、杏等，可多食蜂蜜。忌食酒类、刺激性、油腻肥厚的食物。

冠心病、高血脂病人宜吃可以降血脂的食物，如燕麦、玉米、黄瓜、大豆、酸奶、橙子、柚子、苹果、桃、草莓等水果；在饮料的选择上，可以选择绿茶和红酒。忌吃动物油、动物内脏、蛋黄、蟹黄等。

心力衰竭和水肿严重的病人适宜的水果有香蕉、橘子、枣、番木瓜。忌食咸菜、腌制品、豆制品。

探望病人，鲜花常常是必不可少的，那么是不是所有的病人都适合送鲜花呢？不是。患呼吸道疾病的病人和对花粉过敏的病人就不宜送鲜花。如果是香味特别浓的花，对手术病人也不宜送，容易引起咳嗽。

鲜花也是一种语言，不同的鲜花代表了不同的含义。探望病人宜选择色彩鲜艳的剑兰、康乃馨、红掌等，或选择病人平时喜欢的品种；忌用白色、黄色的菊花或天堂鸟等。

（三）交谈应适度

很多人去探望病人时，总觉得不知道应该说些什么。不说，太沉闷；说多了，又怕说错，反而让病人伤心不快。与病人交谈确实需要技巧。

一般先询问病人的身体状况和治疗效果，在病人讲述病情时，要认真听，不要心不在焉、左顾右盼。

对病人说鼓励、安慰的话，可向病人介绍其他朋友在这所医院治好疾病的经验，增强病人与病魔抗争的信心。

如果是病情较重或者患绝症的病人，不要在其面前提到真实情况，无论自己是否知道实情，尤其是病人自己都不知道的情况下。不要提及病人最难受的症状和他最在意的地方，比如看到病人脸色憔悴时，不要大吃一惊地问："您的脸色怎么这么难看？""您晚上是不是经常失眠？"更不能谈及最近朋友圈中的种种不幸，尤其是患病离世的事件，否则会加重病人的心理负担。

如果谈到工作和家庭，不要传统地说"安心养病，家里和单位都没问题"之类的话，这样会让病人觉得自己对家庭和单位无关紧要、可有可无。要多讲家里没有了他是多么糟糕，单位离了他不行，要他赶紧好起来，不能老躺在医院……让病人觉得自己在家庭、单位和朋友圈中的地位很重要。

如果是多人一起探望病人，探视人之间不要长时间地谈话，以免冷落了病人。

看望病人时，应保持轻松、关切的表情，不要显得过于凝重、担心，看到病人用医疗器械，不要表现得很好奇、惊讶，以免给病人造成压力。

要保持医院的安静，不影响医院的秩序和医生的工作，不打扰其他病人的休息和治疗。有些病房是禁止使用手机的，手机信号会影响医疗设备的使用；即使可以使用手机，也要到病房外面去使用。一定要遵守医院的各项规定。

除以上应注意的地方外，去医院探视病人还要特别注意着装和个人形象，男士不要穿一身黑衣裤，女士不要穿一身黑裙，这样的着装会让病人觉得压抑。尤其是女士更不要浓妆艳抹、花枝招展地去探视病人，否则会给病人带来压力；只有方方面面都注意到了，才能真正达到探视和宽慰病人的目的。

五、舞会礼仪

舞会是现代社会交际的重要形式之一，也是一项高雅的社交娱乐活动。通过舞会可以结识朋友，加深友谊，缓解压力，陶冶情操，展示个人风采。所以，舞会礼仪不容忽视，得体的舞会礼仪能提高社交能力，让你在舞会上成为一个受欢迎的人。

（一）良好形象

1. 小型家庭舞会

如果是参加亲朋好友的小型家庭舞会，应选择与舞会气氛相符的服装。女士穿便于舞动的裙装或旗袍，搭配合适的高跟鞋。

男士一定要头发干净，衣着整洁。一般的舞会可以穿深色西裤；如果是夏季，可以穿浅色的衬衣，打领带，最好穿长袖衬衣。

2. 大型正规的舞会

如果请柬注明"请着礼服"，就要早些做好准备。女性出席这样的舞会一定要穿晚礼服。晚礼服源自法国，在法语中是"袒胸露背"的意思。经常参加盛大晚会的女士应该准备晚礼服，偶尔参加一次的可以向婚纱店租借晚礼服。

男士宜着西服套服，或长袖衬衫搭配长裤。

女士参加舞会一定佩戴首饰，如项链、耳环、手镯或发饰等。因为舞会的气氛一般比较热烈，而且晚礼服是盛装，所以舞会的首饰尽量选择那些贵重的珠宝，或者闪光的金属项链，它们会在灯光的照射下熠熠生辉。如果选择穿无袖的或者无肩带的礼服，最好着长手套。如果选择改良式的旗袍参加舞会，应把头发挽起来，并配上发饰。小手袋也是参加舞会必不可少的一件配饰。

参加舞会的女士一定要化妆。舞会的妆不同于舞台妆，比舞台妆稍淡，但是要略微比生活妆浓一些，这样在灯光下才会光彩照人，而不是惨淡无光。素面参加舞会是很失礼的行为。

舞会上通常不允许戴帽子、墨镜，也不能穿拖鞋、凉鞋、旅游鞋。

（二）邀请舞伴

按照惯例，在舞会上邀请舞伴时，男士应主动邀请女士。舞曲响起后，男士可先走到想邀请的女士面前，先跟与她一起在座的人点头示意，然后向想邀请的女士点一下头，或者欠身施礼，目视对方轻声说："请您赏光"或"可以请您跳舞吗？"女士不要轻易拒绝男士的邀请。如果对对方感觉不佳，或者因身体原因实在需要拒绝，也要注意说话的分寸和礼貌，委婉地拒绝对方。不能无动于衷，不做回应，否则会令邀请的男士很尴尬。女士拒绝男士的邀请后，不要马上接受其他人的邀请，以免对之前男士的自尊心造成伤害。

一般情况下，舞会上女士是不用主动邀请男士的，但特殊情况下，需要邀请长辈或者贵宾时，可以委婉地提出："先生，请您赏光"或"我能有幸请您跳舞吗？"男士一般不宜拒绝女士。

（三）注意事项

邀请好舞伴准备上场共舞时，男士应主动跟在女士身后，让女士选择跳舞地点。

下场后，不宜在舞曲未结束时先行离去，如果实在有事要中止共舞，男士可在原地向女士告别，或把女士送到原来的地方再离开。

不要总和一个人跳舞。按照规则，结伴而来的一对男女，只要一同跳第一支舞即可；从第二支曲子开始，大家应该有意识地交换舞伴，以便认识更多的朋友。

六、旅游景点礼仪

随着生活水平的提高，外出旅游已经成为人们生活中很平常的事情。假期陪父母、带孩子、携好友外出旅游，欣赏祖国大好河山的同时，增加了感情，愉悦了心情，陶冶了性情，不亦乐乎。随着近些年媒体曝光一系列旅游景点出现的不文明行为，如在文物上刻"某某到此一游"、让小孩随地大小便、不按规定排队而乱插乱挤等，人们越来越感受到做一个文明的旅行者是彰显自身素质的重要窗口。

（一）爱护公共设施

无论是大型的公共建筑、文物古迹，还是一草一木、一砖一瓦，都要珍惜、爱护、维护。

要保持墙壁的干净、整洁，不在建筑物上乱写乱画、签名刻字，更不可因为喜欢或认为有收藏价值而将物品占为己有。

2018年1月14日，日本青森县八甲田山上的知名景观"树冰"被涂鸦事件在网上被炒得沸沸扬扬。原来，其中的2棵树冰及周边雪地50平方米范围内遭到游客用粉色荧光喷漆涂鸦，现场留下了用英文和中文喷写的"HAPPY BIRTHDAY"和"生日快乐"。2月，日本警方逮捕了一名在东京居住的29岁缅甸男子，该男子承认涂鸦事件是他所为，他只是想给他的缅甸籍女朋友一个惊喜。该男子的涂鸦行为不仅妨碍了景区公司的业务，还对社会造成了一定的负面影响，他也将因为自己的行为而接受日本警方的处罚。

（二）保护环境卫生

游览时要备好垃圾袋，不要把果皮纸屑或其他杂物随手扔在地上。外出野餐或者野炊结束时，要把所有的垃圾收拾好、处理干净再离开，带小孩的家长更不可让小孩随地大小便。营造舒适整洁的旅游环境，既能愉悦自己的心情，又能减轻工作人员的负担。

2013年9月，著名的江西武功山景区举办"国际帐篷节"，1.6万名驴友在山上安营扎寨，但活动结束后留下满山的垃圾，让人触目惊心，有人形容"上山时一片绿色旷野，离开时遍地垃圾"。海拔1600多米的高山上，环卫工人们只能靠肩挑100多斤重担运送垃圾下山，甚至有些垃圾需要他们冒着生命危险悬吊在悬崖峭壁上进行清理，举办方还动员了许多志愿者和环卫工人们一起，历时3天才把这些垃圾清理干净。

（三）遵守公共秩序

当游客多时，有些景点会控制出入人数，此时一定要耐心排队等候，不并行挡道，不喧哗吵闹，听从景点工作人员的安排。不能扰乱秩序，前拥后挤，插队、推搡。

（四）不得使用明火

很多地方都有明显的禁烟标志，有些景点严禁野炊、烧烤，因为使用明火可能导致火灾，应该自觉遵守规定。在一些人流量大的旅游景点抽烟是对周围人不礼貌和不负责任的行为。

（五）照相要守规矩

在景点拍照时若有人妨碍镜头，应礼貌地请其让一让，或等其走开之后再拍照。如果要穿过别人的拍照地点，应先示意或耐心等其拍照之后再通过。不要骑在景点的建筑物、雕塑或者树木上照相。不允许拍照的地方，不要强行拍照，也不要偷拍。

（六）遵守、尊重当地法律和风俗

在国外或少数民族地区旅游时，要尊重当地的传统习俗和生活中的禁忌，遵守当地的法律法规，不要因为语言上或行动上的不慎而触犯了当地的风俗习惯和法律法规。

外出游玩，满怀好奇。东摸摸、西看看成为不少人外出旅游时喜欢做的事情。然而，在一些国家，由于宗教信仰不同，一不小心，可能就会冒犯他人。一次在马来西亚游玩途中，杨女士看到当地的小孩十分可爱，于是便上前爱抚般摸了摸小朋友的头，这就触犯了当地的风俗习惯，引发了一场纠纷。原来，在当地摸小孩的头顶会被当地人看作不礼貌的行为。

2018年4月10日，一名男游客在游览意大利罗马的西班牙广场时，在古建筑的广场石阶上一边拍照一边吃冰激凌。烈日下暴晒的冰激凌滴洒在石阶上，被2名执勤警察发现，警察让该名男子去别的地方吃冰激凌，该男子不仅不听劝阻，反而嘲笑警察，继续我行我素，并因拒绝接受检查与警察发生冲突，最后该名男子被警察带走。据称该男子将被当地检方以重罪起诉。

可见去国外旅游时，懂得和尊重当地的一些传统习俗和遵守当地的相关法律法规是多么有必要。

（七）跟随旅行团出游须守时

跟随旅行团外出游玩时一定要记好集合的时间，遵时守信，在约定的时间到达约定的地点，按时集合，不要因为自己的不守时让别人久等从而影响整个团队的行程。

📑 延伸阅读

文明行路"十不要"

一不要横冲直撞，逆向而行；二不要翻越护栏；三不要嬉戏打闹，你追我赶；四不要边走边舞弄或抛玩手里的东西；五不要在大街上狂奔大叫；六不要几人横成一排，见人不让；七不要勾肩搭背，歪歪倒倒；八不要边走边吃或东张西望；九不要践踏草坪、攀折树枝花木；十不要随地吐痰，乱丢废物。

第 五 章

校园礼仪

　　校园礼仪的内容是十分广泛的，包括同学们在校园内所涉及的礼仪的方方面面。如仪容仪表的礼仪、公共场所的礼仪、集会活动的礼仪、生活礼仪、社交礼仪等。下面将从以上几个方面来介绍如何得体地在校园内展示我们的仪容、仪表、礼仪风貌，如何在校园公共场所体现我们的礼仪规范，如何有礼有节地出席学校重要场合、重要活动，如何与师长同学真诚相待、和睦共处，以及校园内应注意的就餐、如厕礼仪等。

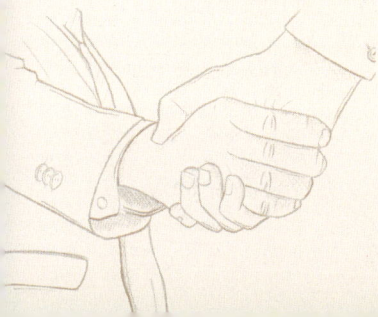

第一节　师生仪表礼仪

📋 案例导入

　　这是 20 世纪 90 年代发生在广东省顺德市的一个故事。由于国家宏观调控，新一轮的房地产热迅速烟消云散，全国房地产业走入低谷，顺德市郊的某楼盘 4000 套别墅只卖出 3 套，几近烂尾楼。记者出身的楼盘策划人王志纲在考察了该楼盘后，提出兴建一所高质量的贵族国际学校。作为贵族学校，其学生绝大多数是广东地区的富商、大款的子弟，其中"小皇帝""小公主"比比皆是，文明礼仪于他们而言如同天方夜谭。然而进校短短三个月，这些"小皇帝""小公主"就焕然一新。初中部的一个男生，过去家里专门为他雇有两个工人，随时为他服务，十四五岁了，连穿衣脱鞋都要别人代劳；入校两个月后，这个男生再回到家中不但不要用人侍候，吃饭时还主动为爸爸妈妈盛饭舀汤。中山市来的一个女生在家中骄纵任性，谁说也不听；现在放假回来，遇见客人来访，她懂得马上取水果洗净切好，恭恭敬敬端上来给长辈。正是这些学生表现出的良好礼仪，使家长、投资人、社会对这所学校有了信心，而随着学校知名度的提高，沉寂了两年的楼盘也"复活"了。该学校的成功，取决于卓有成效的文明礼仪教育。

　　人人都希望自己就读的学校是出类拔萃的好学校，所有人都渴望我们的祖国不仅在经济上繁荣富强，更加在精神上睥睨寰宇，可以再现"礼仪之邦"的辉煌，那么，就让我们学习掌握更多礼仪文化，让我们从身边的点滴做起，从校园做起，让礼仪之花装点我们丰富多彩的校园生活。

一、教师仪表礼仪

　　"学为人师，行为世范。"教师的职业有别于其他职业，教师经常作为他人的楷模或典范，一言一行具有较强的示范性。教育的目的不仅仅是教给学生单纯的理论知识，更为重要的是使学生懂得日常生活中的规范，养成良好的行为习惯，那么教师就更应该"崇礼节，整威仪，以立教人之本"。教师仪表礼仪通常体现在仪容、仪表、仪态三个方面。

（一）仪容

　　讲究个人卫生，经常沐浴，衣服鞋袜要常洗常换，头发要勤洗常理。

男教师头发宜短不宜长，不刻意留光头。女教师发型易美观大方，头发不宜过短，不染艳发，不留奇异发型。男教师要经常修面剃须，不蓄夸张有特色的胡须。女教师妆容宜淡雅自然，不化浓妆，不涂抹色彩过分艳丽的指甲油，不戴夸张耳饰。上课不吃有强烈气味的食品。不喷过于浓烈的香水。

(二) 仪表

衣着得体，符合教师身份，整洁端庄，美观大方，便于活动。男教师不穿拖鞋、背心、短裤。女教师不穿吊带背心、超短裙、露背装等过于暴露透明的服饰。不穿奇装异服。

(三) 仪态

表情自然亲切，适度微笑；眼神扫视幅度适宜，给人和蔼可信之感；手势适度不夸张，宜用手掌指引，不用食指点人；不将情绪带入课堂。站立时，身体与地面垂直，尽量舒展挺拔，重心在两个前脚掌，双肩放松，双臂自然下垂或双手交握放于腹前，不可交叉抱胸，否则会给人以距离感。男教师双脚分开与肩同宽，女教师双膝双脚并拢或丁字步站立。落座时，肩膀放松，腰背挺直，动作轻柔平稳地入座，不要坐满椅面，以占椅面三分之二为佳；起座端庄稳重，不要发出声响。行走时，自然放松，抬头、挺胸、双眼平视前方，双臂自然下垂、前后摆动。真正做到"站如松，坐如钟，行如风"的传统形态礼仪，方显新时代教师风貌。

二、学生仪表礼仪

得体、适度是学生仪表美的关键，也是礼仪的基本要求。学生的仪容、仪表应以整洁、自然、朴素、大方为原则。仪容、仪表可以体现人们的道德修养、文化程度、审美水平等。随着经济的发展、物质条件的改善，人们对仪容仪表也越来越重视。作为学生，在美的追求上要讲科学，切勿赶时髦、图虚荣、不加分析地盲目模仿，要养成良好的生活习惯和审美情趣。

（一）整洁卫生

个人卫生注意清洁。

面部：做到早晚清洗，只做基础护理，保持皮肤干净光滑，女生不化妆（演出活动除外），男生须净，鼻毛不外露，不要当众擤鼻涕、挖鼻孔。

头部：头发整洁，洗头时不要忽略耳廓及耳道卫生，发型活泼大方，干净有型，神采奕奕，有年轻人的精神风貌。男生尽可能理平头、学生头，不要留长发和胡须，否则与学生的身份不符。女生以短发、蘑菇头为佳，方便梳理，适应紧张的学习节奏，不适合烫发、染发或披肩散发，否则显得成熟老气、没有活力。

口腔卫生：细节决定成败，与人交往必须注意的细节之一就是要保持口腔清洁，要勤刷牙，不吸烟，不喝酒，不要口沫横飞，与人交谈前不吃有强烈异味的食物，不当众剔牙、打哈欠，不边说话边咀嚼口香糖。

手部：手部的清洁也很重要，它直接反映人的个人修养与卫生习惯，要勤洗手，勤修剪指甲，不可当众修剪指甲和玩手指，这是相当失礼的表现，学生不得留过长的指甲，不要涂抹指甲油。

身体清洁：平时经常洗澡，勤更换衣服，体育课后或运动后更要及时洗澡、换衣，不留汗味，不在人前做掏耳、抓痒等不雅动作。

全身示意图

（二）装扮适度

任何人都有一种对优美得体服饰的愉悦感和认同感，不然就不会有
"佛是金装，人是衣装"之说了。着装的第一要素就是要协调适度。学生
服饰礼仪也可以参照国际上的着装原则——TPO 原则，即着装要考虑到时
间（time）、地点（place）、场合（Occasion）。

总的来说，着装要规范、得体，就要牢记并严守 TPO 原则。TPO 原
则，是要求人们在选择服装、考虑其具体款式时，首先应当兼顾时间、地
点、目的，并力求使自己的着装及其具体款式与着装的时间、地点、目的
协调一致，较为和谐般配。

学生在校期间的主要任务是学习文化知识、培养技术技能和养成良好
的品德。除了学习也要注意自身形象，服饰穿着上应朴素大方、整洁明
快，不要把上衣捆在腰间，不披衣散扣，中小学生可按要求着校服。平时
上课穿鞋以平底为宜，休闲鞋、布鞋、旅游鞋均可，体育课以运动类的功

能鞋为佳，学生在生长期而且运动偏多，不宜穿中、高跟鞋和厚底鞋。首饰与化妆均不可取，不佩戴项链、耳环、戒指等饰物，学生应追求天然去雕饰的自然美，摈弃奇装异服、袒胸露背、歪戴帽子、邋里邋遢、叮叮当当的金属装饰。仪容仪表方面要顺其自然，追求自身特色。每一个学生都把自己修饰得干净整洁，校园环境也会平添一道道靓丽的风景线。

（三）姿态得体

仪态是一种语言，一个人的举手投足、一颦一笑都会自然流露出他的气质修养。在某种程度上，正确优雅的仪态比有声的语言更真实、更准确，更能很好地塑造一个人的良好形象。好的风仪是校园礼仪的重要要求。

站姿：学生应保持正确的站姿，男生做到"站如松"，刚毅抖擞，女生做到亭亭玉立，秀丽挺拔。总体给人健美舒展、庄重大方、精力充沛、积极向上的印象。

坐姿：入座要轻缓、平稳。女生双腿并拢，男生双腿可稍微叉开与肩同宽，双手放于膝上，不可坐在椅子上移动，否则不仅发出声音影响别人，更重要的是有违礼仪要求。

行姿：学生行走应以矫健大方、从容平稳为原则，切记不要随意摇晃，不要弓腰驼背，不要双手插于口袋。行走时要给人轻松向上、健康活泼的印象，男生步伐青春矫健，女生步态轻盈活泼，步韵步幅适中。集体队列行进中，常以每步 70~75cm 为标准步幅。

第二节　校园公共场所礼仪

📝 案例导入

在德国的公共场合，凡是有门的地方，总会有这样的现象：走在前面的人，进去后总要回头看后面有没有人进门。如果有，他就扶着门让后面的人进去；后面的人进去后，也总是要向扶门的人说声谢谢。没有人在进门后一甩门扬长而去。德国公共场所的电梯上，无论人多、人少，无论是朋友还是情侣结伴而行，没有并排站在电梯上的。德国人说，上楼、下楼站在右侧，空出左侧的位置，以便让有急事的人可以从左侧先行。这是为他人着想。虽然这不是一项法律，却是人们的一种生活习惯。

上面这一案例充分体现了德国人优秀的公共场所礼仪意识，他们已经将礼仪升华为一种习惯。

公共场所礼仪也称公共礼仪，它体现社会公德。在社会交往中，良好的公共礼仪可以使人际交往更加和谐，使人们的生活环境更加美好。校园公共场所礼仪就是在校园公共场所内应遵循的礼仪规范。校园公共场所礼仪总的原则是：遵守校园公共秩序、注意个人仪表整洁、保持校内环境卫生、讲究校内公共道德、尊师重教、友爱同窗。

一、出入校门礼仪

出入校门时，要举止有礼，热情问候，行注目礼、点头礼或鞠躬礼向老师问好（"老师好""早上好"等）。发自内心，态度真诚，声音悦耳，不矫揉造作。校牌证件放在醒目位置，可以让校卫人员清楚地辨别进出人员身份。确保校内治安，维持学校的正常教学秩序。无论是专职门卫人员还是当天值日的师生，检查师生是否佩戴校徽校牌、仪容仪表是否整洁，都是其职责所在，所有进出学校的人员都应该配合监督执行，不和当值人员发生争执。进出校门时，如骑自行车要自觉下车推行，驾驶汽车要减速，校内行驶速度应在 5km/h 以内（个别大校区在 25km/h 以内）。校园内更要遵守交通规则，主动避让其他车辆与行人，车辆有序停放，整齐划一。整理好衣服进校，不得散开衣服或穿奇装异服进校，现在许多学校要求统一穿着校服，有助于培养学生的集体观念和遵守纪律的意识，还可

以体现学校整齐和谐的校风校纪。

二、出入图书馆、阅览室礼仪

进入图书馆、阅览室要遵守公共秩序，不要拥挤插队，衣着要整洁，不能穿汗衫、背心及拖鞋进入；就座后，不要用各种方式为自己的同学占据位置，也不应抢占暂时离座的同学的座位；要保持室内的安静，将手机关闭或调为震动状态，不要与同学窃窃私语，也不要在室内走来走去或食用食物，更不能在室内高声喧哗或接听手机；要爱护馆内所有公共设施，特别是书籍、报刊及电子读物，不能在上面乱涂乱画，更不能撕扯私存，而应在征得管理人员同意的前提下，进行复印；翻查图书或目录标记时，不要乱翻乱插，应保持原有的顺序号，以免弄乱以后别人很难查阅，更不要将取出的图书乱丢乱放，弄得一片狼藉；凡借阅离馆的图书，一定要注意按时归还，如要延期阅读，必须及时办理续借手续。如果是人们普遍想借阅的图书，则不宜无限期地续借。

三、出入教室、实训场所礼仪

（一）教室礼仪

学校的教室是教师传授知识和学生学习知识本领的专门而神圣的教学场所，是课堂的载体。作为学生，在上课铃声响起之前两分钟就应端坐在教室里，恭候老师到来，这是对教师的尊重与礼貌。作为教师要准备好教案、教具、点名册等提前到教室做好教学准备工作，这是对教育事业、对课堂最基本的尊重。教室应保持整洁卫生，课前要擦净黑板，任何人不得在教室里吃东西。当宣布上课时，全体学生应肃立，向老师问好，待老师回礼后，方可坐下。教师与学生如带手机进入教室，应关闭或静音，或放

在教室指定位置，以免上课时影响正常教学秩序。学生若上课迟到，应在教室门口喊"报告"，经教师同意后方可进教室；走进教室后，应迅速坐好，保持安静。遵守课堂纪律是基本的礼貌。课堂上，坐姿要端正，认真听老师讲解，注意力集中，独立思考，做好笔记。当老师提问时，应该先举手，待老师点到名字时方可起来回答问题，不可抢答；回答时，要立正，态度端正，声音清晰洪亮，使用普通话。做到别人回答时不随意插嘴，别人答错也不讥讽嘲笑。教师应对学生的回答予以肯定或纠正。人无完人，教师也是普通人，也会犯错，如教师在授课过程中出现错误，学生可以给老师指出，但要注意选择适当的时间、场合，以恰当的方式指出错误，这样才是尊重老师、尊重课堂、符合礼仪的表现。下课时，需全体起立，与老师道别或说"老师辛苦了"。待老师离开教室后，学生方可离开。有领导或其他教师听课时，要礼让师长，全体学生起立迎送。独立完成课后作业，做好课下预习。

（二）实训（验）场所礼仪

实训（验）室是进行实验教学和学生实际操作的场所。由于实训（验）室里的设备精密贵重，加之实训（验）场所内有水、电和各类专业用具、用品等，操作不当容易发生事故，因此，学生必须遵守实训（验）场所礼仪，才能保证实训（验）课效果达到最好。

学生在实训（验）场所做实验，要遵守实训（验）场所的各项规章制度。实验前要将实验要求、步骤和难度了解清楚，实验中听从老师的专业指导，不能违规操作；进入实训（验）场所须穿着实验服，不得穿短裤、凉鞋、拖鞋、裙子等，长发必须束起。要提前做好个人防护，以防实训（验）场所药品、仪器等对自身造成伤害；按要求进行实验操作，注意水电安全，非实验需要不使用明火，不在实训（验）场所内吃喝东西。实验期间禁止使用手机，禁止在实验区域内喧哗打闹。实验中因故离开应及时向老师报备，由老师安排合适同学值守。学生应爱护实训（验）场所里的仪器和药品，损坏器材应主动照价赔偿。实验结束要做好实训（验）场所清洁整理，桌上仪器归位摆好，相关用具洗刷干净，废料依规进行专业处理，关好门窗和电器。除自我约束、自觉遵守外，还要善意提醒操作有误的其他同学。任何不按规定操作破坏制度的行为都应被制止，而在别人提醒下依然故我，可能造成实验室损失或人员损伤的行为是无礼之举，要坚决阻止。

四、实习礼仪

毕业实习或假期进行社会实践都要遵守实习单位的规章制度，抱着学习的态度去实习，注意礼节礼貌，大方得体。积累经验、得到实践锻炼是目的。有时一个彬彬有礼、专业中上的实习生要比一个傲慢无礼的专业"学霸"受欢迎得多，可见在职场中情商比智商重要得多。

（一）没有不合理的职场，只有不合理的心态

在进入实习单位时态度一定要端正，工作一定要认真。毕业实习本来是检验学习效果的过程，是一条与未来就业相连的"绿色通道"，至于实习结束能否留在实习单位，不是实习中最重要的问题。有些实习生得知无法留下继续工作，就开始敷衍塞责，不愿花时间、精力做好工作，客观上造成了不少用人单位对实习生的印象不佳，觉得其太过浮躁和势利。公司并不指望实习生创造多大价值，更多的时候对实习生是处于一种观察的状态，观察他们的态度、潜力和发展性。而在点滴的小事中就体现出你有没有责任感，是不是他们需要的储备人才。要有充分的思想准备，遇到挫折、受到委屈时，要积极寻求解决问题的方法，而不是牢骚满腹、怪话连篇。

（二）知识技能多储备，就业实习刃有余

做好充分的储备工作，包括知识、能力、技能和物质精神储备。一切职业都要求从业者具有相应的知识、能力和技能。知识是人类认识的成果，是培养能力和提高技能的基础。知识可分为专业知识和一般常识。前

者指实习生在校期间所学习的从事某种专门职业或进行某种特殊活动所必备的知识，后者指日常工作生活或一般活动所需要的普通常识。知识是实习生就业的基础条件，梳理好自己的专业知识，以便可以在实习工作中娴熟地应用所学技术技能；能力则属于个性心理特征的范畴，不是一蹴而就的事，根据目标职位的方向在实习单位做好相关能力的培养。其中素质能力，包括演讲表达能力、思维能力、快速学习能力、良好的沟通能力、合作能力、抗压能力、OFFICE 软件应用能力等方面，在实习工作中尤为重要。跟个专业的师傅，教授实际工作经验，有专门人员辅导，会更快更好地融入实习环境。技能属于人的行为范畴，是运用自己已有的知识和能力去完成某一活动的行为方式，常体现为实际操作技术和技巧，它是丰富知识和发展能力的重要能力基础，能不断促进人的知识的丰富和能力的提高。大学生实习更多的是锻炼自己的社会实践能力，在实践中不断提高能力和技能，为真正的就业奠定坚实的基础。社会实践与实习是很好的提前获得工作经验的机会，一定要重视。凡事预则立，不预则废，机会总是留给有准备的人，准备好知识、准备好技能、准备好职业装束、准备好通信工具，甚至准备好被误会遭排挤……只有做好诸多准备，才能赢得精彩的人生！

（三）知法守法，警惕实习陷阱

实习者受《中华人民共和国劳动法》保护。到企业实习，一定要签订相关的协议，明确双方的权利和义务，以免自己的权益受到损害。大多数实习者在实习期间没有多少薪酬，但协议中明确规定支付实习费用的，则可以按规领取。如果大学生遇到企业拒绝支付实习费用的情况，应及时到有关劳动部门投诉，维护自己的正当权益。某些不法企业以各种名义收取实习生的钱款，这实质是一种非法行为。更有甚者，个别非法企业利用大学生的懵懂心理，大搞诈骗活动。企业的好坏没有绝对的标准，实习生应加强自我保护意识，明辨是非，警惕传销陷阱。

（四）谦虚谨慎爱助人，好学懂理讲文明

实习单位不是学校，少有人会像老师一样主动倾囊相授，恨不得把知识一股脑地全塞给你，但在实习单位里确实可以比在学校学习到更多实用的技术技巧，关键在于实习生自己愿不愿意主动去学习。

谦虚求教：机会是要自己去寻找的，要知道实习期你已经步入职场，一切看你自己付出后的成效，实习单位给了你平台学习，让你有机会理论联系实际，你就要抓住一切机会，主动获取知识提升自己。

谨慎务实：遇到问题不必惧怕提问。不懂装懂是自尊心或虚荣心作祟，没有人是一开始都懂的，都是在边学边问的过程中成熟起来的。作为实习生应主动承担一些力所能及的工作，乐于帮助别人，这样才会得到更多人的认可和帮助。多看多听少说是实习生到岗后的第一要诀，工作中多观察专业能手、业务精英的工作方法，勤思考，在他们方便的时候主动向其求教，做到谦逊有礼，每天下班后给自己一天的工作做个总结，就会有许多收获。任何时候都要多用谦称，给人讲文明、懂礼貌的好印象。不打听他人的隐私，不"八卦"单位人或事等。

五、出入校园内其他场所礼仪

自觉保持校园整洁，不乱扔纸屑、粉笔头、果皮、包装袋，不随地吐痰，不乱丢垃圾，校园内严禁吃泡泡糖、瓜子类食品。

爱护标语牌、警示牌、格言牌和花草树木；不跳摸班牌、格言牌、警示牌和电器设施；不在黑板、墙壁和课桌椅上乱涂、乱画、乱抹、乱刻；不践踏草地，不攀枝摘花；节约用水用电，不开长明灯。

严禁吸烟、喝酒、赌博、看黄色影视书刊，不进网吧，不参与迷信、邪教活动。严格遵守交通法规。自行车要存放在指定的地点，不乱停、乱放，严禁在校内骑车带人。

在校园内或上下楼梯与老师相遇时，要让老师先行，并主动向老师行礼问好。买饭、打水或乘车时对教师应主动礼让。

有事进老师的办公室或宿舍，先喊"报告"或先敲门，经老师允许后方可进入。在老师的工作、生活场所，不能随便翻动老师的物品。

第三节　校园集会活动礼仪

💬 案例导入

比赛过程中，要严格遵守比赛规则，互相尊重，一旦违规，应该立即有礼貌地道歉，不可为了取胜而采取有意伤害对方的行为。

拳王泰森是拳击史上最伟大的选手之一，巅峰时期更是统治力十足。虽然泰森的拳击生涯十分辉煌，但也存在不少污点，其中"泰森咬耳朵"的话题就一直为人们津津乐道。

1996 年，拳王泰森和霍利菲尔德迎来一番战，最终泰森意外输掉了比赛。在比赛的过程中，霍利菲尔德多次搂抱泰森，并用脑袋撞击泰森，这样的做法并不违反拳击规则，却让泰森十分难受。僵持了十一回合之后，泰森终于失去耐心，而霍利菲尔德也抓住机会一顿进攻击败泰森。

然而这场胜利却引起了质疑，许多拳迷怒斥霍利菲尔德"胜之不武"，泰森对此同样不服。所以两人的二番战很快便被敲定。两个超级拳王的对决，加上当时的舆论风波，这场比赛可谓万众瞩目，商业价值巨大。

1997 年 6 月 28 日，在泰森与霍利菲尔德的二番战中，霍利菲尔德延续了"赖皮"战术，头撞、搂抱的频率比第一场还高，这让泰森十分恼火。尤其是第三回合，霍利菲尔德直接撞破了泰森的眼角，这让泰森忍无可忍。当霍利菲尔德再次尝试搂抱的时候，盛怒之下的泰森咬住了他的耳朵，最终在裁判的制止下，比赛宣告结束，霍利菲尔德卫冕成功。最终泰森被美国内华达州运动委员会吊销了拳击执照并罚款 300 万美元。

体育比赛并不是打架斗殴，双方较量的是技能和技巧。运动员要遵守规则，才能真正显示自己的本领与实力，通过比赛赢得对手的尊重，树立自己的良好形象。各种不同类型的比赛都有固定的礼仪形式，参赛者相互致意是最常见的竞赛礼仪。这一节介绍校园生活中常见的典礼与仪式。校园仪典包括：开学典礼、毕业典礼、升降国旗仪式、颁奖典礼、宣誓典礼等。

典礼与仪式作为礼仪的表现形式，对促进学校发展、树立良好学校形象有重要作用。规范的典礼仪式是社会发展进程中逐步形成、不断完善、建立起来的，是我国文明礼貌优良传统的体现，有一定的程式、仪程，具有规范性、程序性和严肃性的特点。掌握与操作好校园典礼仪式等程式、程序是继承弘扬我国礼仪文化的体现。

一般的校园仪典活动基本流程是：宣布典礼仪式开始→肃立→唱国歌和校歌→学校领导（嘉宾）讲话→宣读有关典礼内容→典礼结束。

一、开学、毕业典礼礼仪

（一）开学典礼

开学典礼是学校年初或学期开始时为了欢迎新班级、新老师、新同学，安排新学年的计划，提出新学期要求而举办的礼仪形式。

典礼的地点通常选择在学校操场或礼堂，会场布置轻松明快、热烈喜庆，还要不失庄重有序。主席台整洁大方，标语美观，整齐对称。以全体师生为主体，可以邀请上级行政领导出席。书记、校长为主要发言人，行政副校长或办公室主任主持典礼仪式。

典礼仪程：①主持人宣布仪式开始；②介绍出席开学典礼的领导和嘉宾；③请全体起立，升国旗（室内可略），奏唱国歌、校歌；④书记或校长致辞；⑤分管教务工作的副校长或主任发言；⑥新生代表发言；⑦团委、学生会代表发言；⑧老师代表发言；⑨上级机关负责人讲话；⑩宣布典礼结束。

根据具体情况发言顺序可稍作调整，也可以为了表示鼓励将特定意义的启动仪式插入其中，如可以将校长或书记的讲话作总结发言、可以将助学活动放在团委发言环节，等等。

（二）毕业典礼

毕业典礼是学校的一届在校生完成学业之后，由学校官方举行的一种正式的典礼仪式。对于世界上各个国家和地区的学校，在毕业时举行毕业典礼是普遍现象，不同的是具体的步骤和举行事项。

毕业典礼会场布置要求郑重。气氛轻松、喜庆，主题多为校内年华的追忆及对未来工作生活的憧憬。主席台简朴、整洁即可，也可视情况作创意调整，标语多是对未来的憧憬。

参会人员以全体毕业生为主体，还有学校领导、团委和学生会代表、各班代表、特邀嘉宾等。主持人多为主管学生工作的副校长或办公室主任。

典礼仪程：①主持人宣布仪式开始；②介绍出席典礼的领导和嘉宾；③请全体起立，升国旗（室内可略），奏唱国歌、校歌（或有纪念意义的歌曲）；④颁发毕业（结业）证书；⑤书记或校长致贺词；⑥毕业生代表发言感谢母校；⑦团委、学生会代表发言；⑧上级领导嘉宾致辞；⑨宣布典礼结束。

其他注意事项：无论是开学典礼还是毕业典礼都要隆重热烈，以示这一仪式的郑重。因与会人员众多，要求参会人员遵守会场纪律，尽可能做到：不迟到、早退。提前5分钟入场，在指定位置落座，如有迟到，不要影响其他同学。不喧哗、打闹。关闭手机或将手机静音、保证会场安静。

二、升降国旗仪式礼仪

升降国旗仪式已成为校园公认的礼仪活动，是发扬学生爱国主义精神、增强国家观念、提升礼仪教育的切实可行的好方法，既形象又生动。

中华人民共和国国旗是五星红旗，旗面为红色，长宽比例为3∶2。左上方缀黄色五角星五颗，四颗小星环拱在一颗大星的右面，并各有一个角尖正对大星的中心点。

按照《中华人民共和国国旗法》中相关条款规定，升挂国旗时，可以举行升旗仪式。

举行升旗仪式时，在国旗升起的过程中，参加者应当面向国旗肃立致敬，并可以奏国歌或者唱国歌。

全日制中学、小学，除假期外，每周举行一次升旗仪式。

升旗仪式场所要严肃有序，在直立的旗杆上升降国旗，应当徐徐升降。升起时，必须将国旗升至杆顶；降下时，不得使国旗落地。

一般情况下，国旗的升降时间是：早晨日出之际升起，傍晚日落之际降下。

如遇国家主要领导人逝世，对中华民族作出杰出贡献的人逝世，对世界和平或者人类进步事业作出杰出贡献的人逝世，发生特别重大伤亡的不幸事件或者严重自然灾害造成重大伤亡时，可以下半旗志哀。下半旗时，应当先将国旗升至杆顶，然后降至旗顶与杆顶之间的距离为旗杆全长的三分之一处；降下时，应当先将国旗升至杆顶，然后再降下。

校内升旗的主要场所是操场，参与人员是全校师生，仪式主持人一般为校团委书记、学生会主席。

升旗仪式的程序为：

首先，主持人宣布升旗仪式开始。

其次，出旗时旗手持旗，两名护旗手分列两侧，步伐整齐稳步走上旗台。

最后，升旗时全体肃立奏唱国歌：

（1）立正，脱帽，行注目礼直至升旗完毕（少先队员行队礼）。

（2）路遇升国旗时，应立即停步，立正，待升旗完毕后自由行动。

（3）降旗时一样要立正，行注目礼。

（4）升旗中保持安静，神态庄严，不要说笑打闹，要诚挚恭敬。

国旗是伟大祖国的象征，尊重爱护国旗就是尊重爱护我们的祖国。学校要对升降旗仪式有高度的重视，通过这一仪式可以唤起同学们的爱国主义意识。认真执行升降国旗仪式制度，增强同学们的爱国主义情怀。

三、学校集会礼仪

集会，泛指有思维或行为能力的个体，在指定场所或固定场所为主动或被动展示目的而聚集的行为。校园集会通常是师生们聚集会合在一起，有组织、有计划地商议、讨论、研究有关的问题。

（一）会议礼仪

学校集会中最多、最常见的各种会议基本上都具有四个共性：有讨论题目、有组织集体、有步骤程序、有领导主持。在学校里，同学们有机会参加的各种集会都有这样的特点。围绕议题，提出解决问题的方式方法，有组织协调安排，按照既定的程序内容，有专人领导实施活动。会议中主要人员的礼仪规范直接影响到会议的规格、层次。主持人、发言人、其他与会人员的礼仪规程如下。

1. 主持礼仪

主持人是一场会议的 CEO，负责掌控会议进程，包括落实议事议程、控制时间节奏、调节气氛。身为会议的灵魂人物，主持人要熟悉议程并促使既定会议议程得以落实，顺利执行。较为重要的会议议程为：

（1）主持人宣布会议正式开始，视情况决定是否奏唱国歌、会歌。

（2）主要负责人或会议发起人做主题发言报告。

（3）针对大会发言报告内容进行分析、讨论。

（4）归纳总结，达成共识，或再提起相应会议决议，得出结论，宣布散会。

以上程序中，框架基本不变。作为会议的一员，要尊重会议，严格执行会议议程，未经会议主席团（校领导）授权，不得全面调整或自行增减会议议程，若出现特殊情况，如主要发言人缺席、发言超时、与会人员反应激烈等，主持人在征求主席团或校负责人的意见后，可以根据内容环节上的需要做出临时调整；在不具备征求条件时，也要秉持维护大会、尊重大会的原则，做出对大会最有利的决定。这对主持人的应变能力与会议经验要求非常高。

对于主持人来说，把控好会议时间进程也尤为重要。主持人在主持大会时要严格遵守时间。如什么时间开会、什么时候休会、什么时候散会，发言人发言前提醒其限定时长，如有超时，有技巧地处理，如举牌提醒、响铃提醒等，不可当众打断发言，否则会显得粗暴无礼。指定即席发言人时，应事先征求人选的意见，不得强制，避免尴尬。若是时间较长的会议，一般情况下每隔45分钟或1小时安排一次会间休息，一般时长15分钟，以便与会者稍事休息、如厕或活动手脚等。主持人要在休会前明确休息时长，以便与会者返回会场。

主持人是会议的主持者，不是报告和发言人，一定要注意分寸，不抢风头，恪尽职守，按照会议议程贯彻会议内容即可。多观察与会人的情绪反应和会议进行情况，当每一名发言人或贵宾致辞后，主持人要领掌，以带动其他与会者响应，一旦出现拖沓或冷场，甚至骚动混乱等情况，要化被动为主动，以适当的方式解决问题、化解危局。

2. 发言礼仪

会议的发言人，即会议中演讲、报告、发言的讲话人，确定无疑是会议的主角、重心。在发言时要做好充分的准备，做一名称职、受人欢迎和喜爱的发言人，要注意发言时的公众形象、谦逊有礼、发言全面，详略得当等。

发言时要注意形象。发言人作为会议的焦点，仪容仪表整洁是基本，以精致为佳。好的形象会给与会者留下深刻的印象；反之，邋遢不洁会给人不庄重之感，容易导致与会者分心，无法专注于发言内容，从而失去发言的作用。因此，发言人要抽出必要的时间，修饰自己的仪容仪表，其中发型与面部是重点，要做到整齐、干净，给人容光焕发之感；着装要庄重、大方，登台发言时尽量穿正装，切记不能穿着太过随意、怪异、性感、不洁等。

发言前要关注受众，了解需求，内容层次清楚，逻辑缜密，结构合理，尽量脱稿。在宣读时，应适时抬头将视线投向与会人员，使用环视，用目光与人互动。发言时观点明确，重点突出，翔实得当，语言生动形象，通俗易懂，情感真挚，敬人敬己。避免舔咬嘴唇、抽鼻子、干咳等不雅动作，避免激烈和含有攻击性的语言。注意主持人的表情举止暗示，冷静面对突发事件，淡定、从容，积极调整心态，尽量不受干扰。尊重不同观点，以理服人、以例服人，做一个有风度的发言人。

3. 与会者礼仪

参与会议的所有人员都应遵守会议纪律。对于参加会议的大多数人来说是听众，而非主角。但若没有听众，会议也不可能成功。会议的聆听者在会议期间一般要注意以下几条。

严守会议时间。确保贯彻会议精神，要靠全体与会人员的积极配合，认真自觉地执行落实。会前要充分休息，避免会上打瞌睡；做好工作安排，专注于会议内容，适时鼓掌，手机关机或静音，避免干扰；认真阅读会议下发的文件材料，方便掌握会议主旨，全神贯注地聆听发言，认真做好会议记录，准备好纸笔、录音录像器材等，留存文字或音像资料，传达会议精神。

与会者不缺席、不迟到，参会时提前5分钟进入会场签到，外地与会人员需提前一天报到，熟悉情况。自觉维护会场秩序，保持安静，不影响发言人或主持人讲话，不起哄、不玩手机、不吃东西、不乱扔杂物、不鼓倒掌、不制造噪声、不随意走动等。

尽量避免中途退场，更不要不辞而别，否则不仅自己失礼，而且失敬于发言人和主办方。确有要事时要从侧门低调退场，还须向主持人说明原因，并为此郑重道歉，退场时避免影响他人。会议结束时，应按照既定安排好的次序退场，如按照座位所在方向，按距离出口的远近程度退场。避免挤到前面的人，不抢先、不驻足；遇有推挤、撞击、踏脚等情况，不慌张恼火，包容理解对方是道德修养高、涵养好的表现。

(二) 颁奖礼仪

为了表彰对学校有贡献的老师和同学，学校往往设有颁奖仪式，对有贡献者发放奖品、奖状、奖金等，表示赞扬，以资鼓励。颁奖仪式也称授奖仪式，具体要求及仪程如下。

会场布置要求郑重。气氛热烈而隆重，主席台简朴、整洁，多有鲜明的旗帜、奖品等。

参会人员以受奖人为主体，还有学校领导，团委和学生会代表、各班代表、特邀嘉宾等。主持人多为主管受奖人员工作的副校长或相关负责人。

典礼仪程：

（1）主持人宣布仪式开始。

（2）宣布受奖人员名单及单位名单并颁奖。

（3）领导致贺词，多为祝贺、叙述事迹、寄予希望。

（4）获奖代表向来宾致谢，向领导表决心。

（5）团委、学生会或相关代表发言。

（6）宣布典礼结束。

（三）宣誓礼仪

参加某一组织或担任某一职务时，在一定的仪式下当众说出表示忠诚和决心的话即为宣誓，主要是表达坚定的信念及奋斗的决心；为之举行的礼仪形式称为宣誓仪式，如入学仪式、入队仪式、入团仪式、入党仪式、成人仪式等。

1. 入学宣誓仪式

入学仪式，也叫进学礼、开笔礼。孩子上小学的第一天，进入校门的时候，引导新生感受入学乐趣，教育学生从小爱父母、爱老师、爱学校，增进学生集体主义情感，提高文明素养，争做文明小学生。学校要组织老师和高年级学生举行欢迎仪式，迎接新同学到来。形式和内容由学校自己设计，通常与开学典礼一同举行。当地有孔庙、文庙的，学生可依古礼在那里举行认师礼，也有的在家里先拜先祖，而后上学。具体流程为：

（1）校长致欢迎词。

（2）衣冠礼。从头顶向下检查自己的衣帽是否合乎礼节、干净整齐。通常统一着校服参与。

（3）感恩礼。感恩父母、亲朋给予无私的爱，感谢生活的馈赠，培养积极乐观的精神。学校可根据情况安排感恩形式，如制作贺卡、为父母打一次洗脚水等。

（4）拜师礼。拜谢老师的辛勤付出，常常与开笔礼合并。

（5）开笔礼。包括出示孔子像，三鞠躬，敲启蒙钟，朱砂开智等环节。

（6）集体宣誓。承诺好好学习，做一名合格的小学生。

（7）领导总结。依据各校具体情况，也有加入击鼓明智、净心净手、启蒙描红、树下许愿等环节的，大多数采用齐颂《弟子规》的方式结束仪式。

2. 入队宣誓仪式

中国少年先锋队（简称"少先队"）是中国少年儿童的群众组织，是少年儿童学习共产主义的地方，是建设社会主义和共产主义的预备队。1949 年 10 月 13 日是中国少年先锋队建队日。中国少年先锋队的创立者是中国共产党。中国共产党委托中国共产主义青年团直接领导中国少年先锋队。

少先队员要佩戴红领巾、敬队礼。红领巾是少先队员的标志。它是红旗（队旗）的一角，是用烈士的鲜血染成的。每个少先队员都应该佩戴它、爱护它，为它增添新的荣耀。红领巾的正确佩戴方法是：将红领巾披在肩上，钝角对脊椎骨，右角放在左角下面，两角交叉；将右角经过左角前面拉到右边，左角不动；右角经左右两角交叉的空隙中拉出，右角恰绕过左角一圈；将右角从此圈中拉出，抽紧。敬队礼是少先队员的一种礼仪形为，表示人民的利益高于一切、祖国的利益高于一切。正确敬队礼的方法为：身体立正，右手五指并拢，高举过头，右臂略弯曲，目光正视受礼者。少先队员除了敬队礼外，还可以行注目礼。如在列队、行进、检阅过程中，只需小队长以上敬队礼，普通队员行注目礼，其余情况不允许以注目礼代替队礼。

大、中队会仪式是少先队的基本仪式，大、中队会一般都应举行这种仪式。仪式分为预备部分和正式部分。

（1）预备部分。内容包括集合列队，整理队伍。举行中队会时，由小队长分别向中队长报告人数。大队会时，可以免去小队长向中队长报告这一项，由中队长直接向大队长报告。如果中队很多，也可以免去中队长向大队长报告这一项，由大队长直接向大队辅导员报告。

（2）正式部分。①全体立正；②出旗（奏乐、敬礼、礼毕）；③唱队歌（敬礼）；④大队辅导员宣布新队员名单；⑤授予红领巾，并为新队员打好领结；⑥共青团代表讲话；⑦呼号（由仪式主持人领读，宣誓时举右手，握拳至右耳稍高处），宣誓词："我是中国少年先锋队队员。我在队旗下宣誓：我热爱中国共产党，热爱祖国，热爱人民，好好学习，好好锻炼，准备着：为共产主义事业贡献力量！"⑧退旗（奏乐、敬礼、礼毕）；⑨仪式结束。

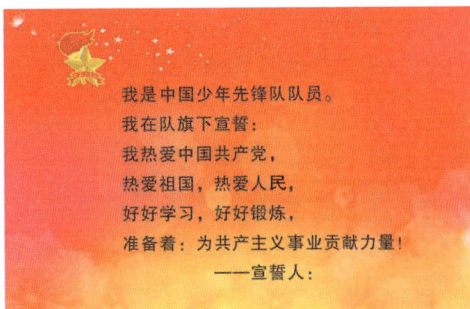

3. 入团宣誓仪式

中国共产主义青年团（简称共青团）是中国共产党领导的先进青年的群众组织，是广大青年在实践中学习中国特色社会主义和共产主义的学校，是中国共产党的助手和后备军。凡年龄在 14 周岁以上，28 周岁以下的中国青年，承认团的章程，愿意参加团的一个组织并在其中积极工作、执行团的决议和按期交纳团费的，可以申请加入中国共产主义青年团。

入团宣誓程序如下：①全体起立；②唱团歌；③宣布新团员名单；④授予团员团徽；⑤宣誓（由仪式主持人领读，宣誓时举右手，握拳至右耳稍高处），宣誓词："我志愿加入中国共产主义青年团，坚决拥护中国共产党的领导，遵守团的章程，执行团的决议，履行团员义务，严守团的纪律，勤奋学习，积极工作，吃苦在前，享受在后，为共产主义事业而奋斗。"⑥新团员代表讲话；⑦团委领导讲话；⑧仪式结束。

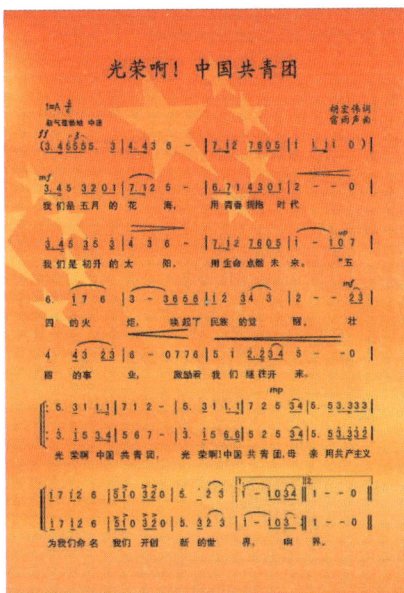

4. 入党宣誓仪式

党章规定，预备党员必须面向党旗进行入党宣誓。预备党员面对党旗进行入党宣誓，是我们党的传统，是对预备党员最实际、最生动的党的观念的教育，也是预备党员进行自我教育的好形式。入党宣誓，是党员政治生命开始的象征，是非常庄重、严肃的事情。党旗代表了党，誓词概括了党对党员的要求，也概括了党员对党组织和党的事业应承担的政治责任，

而且有很强的针对性，有重大的教育意义。通过对预备党员举行入党宣誓教育，有利于他终身牢记自己的庄严誓言，时刻用誓言来激励自己，不断提高对党的事业的责任感和自觉性，并以实际行动来履行自己的庄严誓言，随时准备为党和人民的利益牺牲一切。

入党宣誓仪式程序：①宣布仪式开始，奏国际歌；②党组织负责人致辞；③宣布参加宣誓的新党员名单；④宣誓（由仪式主持人领读，宣誓时举右手，握拳至右耳稍高处），宣誓词：“我志愿加入中国共产党，拥护党的纲领，遵守党的章程，履行党员义务，执行党的决定，严守党的纪律，保守党的秘密，对党忠诚，积极工作，为共产主义奋斗终身，随时准备为党和人民牺牲一切，永不叛党。”⑤党组织负责人或上级组织负责人讲话；⑥预备党员代表向党表决心；⑦党员代表或积极分子代表讲话；⑧奏《国歌》，宣布仪式结束。

5. 成人宣誓仪式

成人宣誓仪式以其深远的意义和巨大的吸引力，已经引起党和政府及社会各阶层的高度重视。党中央颁发的《爱国主义教育实施纲要》倡导在年满18周岁青少年中开展这项公民素质教育活动。每年都有大批的学生踊跃参加这项活动。

在举行仪式前，18岁青年应懂得，我们得到社会的尊重与认可，也要承担历史赋予的责任与公民的义务。至此，我们不再只是思考自己、家庭、学校，还要有社会与国家的概念，振兴与富强我们的民族与国家将成为我们的人生课题。理解成人誓词的含义，懂得公民的基本权利和义务。

18岁成人仪式的一般程序为：①升国旗、唱国歌；②宣读成人誓词（面对国旗，左手持《中华人民共和国宪法》，右手握拳举至右耳稍高处），宣誓词：“我是中华人民共和国公民，在十八岁成年之际，面对国旗，庄严宣誓：我立志成为有理想、有道德、有文化、有纪律的社会主义公民。遵守宪法和法律，热爱社会主义社会，拥护中国共产党的领导。正确行使公民权利，积极履行公民义务，自觉遵守社会公德。服务他人，奉献社会；崇尚科学，追求真知；完善人格，强健体魄，为中华民族的富强、民主和文明，艰苦创业，奋斗终生！"或"在此正式成人之际，我以一个中华人民共和国公民的名义，面对中华人民共和国国旗庄严宣誓——捍卫神圣宪法，维护法律尊严；履行公民义务，承担社会道义；继承先辈遗志，弘扬优秀传统；国家昌盛为先，人民利益至上；热心奉献社会，无愧祖国培育；勤勉奋发有为，不负人民厚望；以我火红青春，建设锦绣中华；以我壮志激情，创造崭新未来。"③校领导的祝愿；④前辈的祝福；⑤父母的期望；⑥成人礼宣誓代表发言；⑦授成人纪念册、成人证；⑧团市委领导讲话。

成人宣誓仪式中除常规的礼仪规范以外，也可以适当加入一些对社会有深刻意义的内容，如每人栽种一颗"成人树"、"我为社区尽职责"等公益活动。把握好传统文化中"成人"观的精髓，将成人礼仪看作青少年人格养成教育中不可缺少的一环，将其继承和发扬。

（四）晚会礼仪

晚会的成功有赖于组织者的认真筹备。使晚会程序环节完善，需要妥当的措施、完备缜密的预案，而师生在晚会上的礼仪活动也是晚会安排中不容忽视的问题。

举办一场晚会，主要是丰富校园文化活动，努力地寓教于乐，既陶冶了情操，又鼓舞教育了学生。选定晚会的形式与内容时，一定要注意主题突出健康文明，内容积极向上、生动有趣，既不乏轻松欢乐、出奇制胜之作，又为学生所喜闻乐见、交口称赞，避免只"教人"不"娱人"的尴尬场面。

常规的晚会按照目的分为专题晚会和娱乐晚会两种。专题晚会围绕某一个特定的主题，比如六一儿童节晚会、五四青年节晚会、十一国庆节晚会等。节目提前排演，程序固定，变动不大。娱乐晚会基本是纯文娱类的晚会，一般没有特定的主题，以缓解紧张、放松释压为目的，单纯寻求欢快、乐趣，有事先排演的，也有即兴发挥的。

按照节目性质可分为综合性晚会和专场性晚会两种。综合性晚会是把各种文艺节目综合起来，表演形式百花齐放、多种多样，可以满足不同观众的欣赏需求。专场性晚会是指表演单一类别节目的晚会，如歌咏晚会、相声晚会、流行歌会等，可以满足特定群体的欣赏需求。

无论哪一种类型的晚会都是由精彩的节目做支撑的。要根据晚会的时长选定节目，通常一个2小时的综合性晚会以10~15个节目为佳，单个节目以5~10分钟时长为好。举办重大晚会时，设2~3个备用节目，以备不时之需。节目宁缺毋滥，每个节目有专人负责，力求精益求精。节目串词要自然流畅，间隔充分，不同质量与不同风格题材的节目穿插排序，避免观众审美疲劳。对开场与压轴节目的选择要格外慎重，为了节目效果，通常要做多次审查与彩排。对重要的大型晚会，可印制列有节目简介和演员信息的专门节目单，方便观众提前了解节目安排。晚会的场地以表演效果好、安全、容量大为要则。演职人员，包括主持人、演员、监制、导演、剧务等，一定要细心挑选，要由有责任心，艺德、台风皆佳的同学担任。演员尽心表演，稳定发挥，高品质呈现节目，能够尊重舞台、尊重观众，有全局观念、有协作精神，在晚会上合乎礼仪，才能不负领导与老师的期望，不辜负广大同学的厚望。

同学们在观看晚会时，也要严守礼仪规范，准时到场、按班入座、认真观看表演，不大声喧哗、不乱走动、不吹口哨、不鼓倒掌、不起哄，不做影响他人观看的不文明行为。演出结束后有序退场，重要涉外晚会则盛装与会，不做散漫、随意装扮。

（五）赛会礼仪

校园内还有很多赛会仪式，如运动会中的开闭幕式、入场仪式、点火宣誓仪式、颁奖仪式等。

赛会仪式是由一系列的程序、步骤组成的赛会礼仪规范，为确保赛会的热烈、隆重，下面学习它的仪式流程。

1. 开始

主持人宣布大会开始。

2. 放信鸽

开始后一般会放飞信鸽，有时也会放气球。

3. 奏国歌

一般奏国歌，有时也奏会歌。

4. 入场式

运动员、裁判员入场接受主席台校领导检阅，若是校园内则按照年级顺序持牌持旗入场。在国际上按照各国国名拉丁字母顺序先后入场，国内则按照汉字笔画数顺序入场。无论国际国内，东道主代表队最后出场。队伍以逆时针方向行进，自赛会主席台面向的左侧入场。最后，进入主席台对面场地的中央，面向主席台，依次由左向右成纵队排列。行进中讲究女先男后，按照由矮到高的顺序排列，领队与教练在头排位置。

5. 致辞

由校领导致辞。

6. 宣誓

运动员、裁判宣誓。

7. 退场

运动员、裁判宣誓后退场。

8. 表演

由啦啦队团体进行表演。

9. 分组抽签

主持人宣布抽签办法、公证人与监察员名单，在公证人与监察员的监督下抽签，并宣布结果。

10. 比赛开始

比赛正式开始。

11. 颁奖

宣布成绩，冠亚季军上台，领导颁奖。

12. 闭幕式

主持人宣布闭幕式开始，校领导或大会主要负责人讲话，宣布大会总体成绩，颁发奖品、纪念品等，宣布大会闭幕。

参赛的运动员应遵守赛会期间的礼仪规范，严守比赛规则，尊重大会，不同项目有不同的礼仪规范，不蓄意犯规，不服用兴奋剂等违禁药

品；尊重对手，切记"友谊第一，比赛第二"，比赛结束主动与对手握手致意，以礼相待；尊重裁判，赛前、赛后向裁判致谢，犯规时主动认错，绝对服从裁决，如认为不公，通过适当渠道申诉，仲裁前不予披露；尊重观众，上场、下场前向观众示意，对于爱戴自己的观众可挥手致意予以回应，尽量满足其合影、签名的要求；尊重记者，运动场上的赛事情况，都由校报记者宣传，遇到记者采访提问时，多些耐心，尽可能满足其采访要求，不夸大，不过分自谦，实事求是，注意个人及班级形象。

　　作为大会的一名普通观众、大会运动员的支持者，要做到维护会场秩序，持票排队入场，不拥挤、不插队，文明入场；快速找到座位就坐，不抢占他人座位，不进进出出、妨碍交通；观看赛事控制好情绪，不向场内抛掷物品，不携带违禁品，不吃吃喝喝，如比赛时间长，可将进食后的垃圾收好，带出赛场；不做影响他人观赛的其他行为。可采取长时间鼓掌、欢呼、挥动标语旗帜、敬献鲜花、求签名合影等行为来表达对自己喜爱的运动员的支持。

　　赛场上不可行为粗鄙、言语不雅，不可指责谩骂对方队员，不可偏袒己方队员，不可对自己拥戴的队员纠缠不休等。

第四节　校园生活礼仪

案例导入

　　"大学生餐后应不应该自己收拾餐具"一直是网上热议话题，每个人都各抒己见。近日，在华中师范大学武汉传媒学院食堂出现这样一个场景：一个高出桌子不到一头的小女孩，正在收拾大学生饭后用的餐具，旁边的大学生正一边吃饭一边聊天。

　　大学生该不该自觉回收餐具？

　　听闻要自己餐后收拾餐具，很多大学生表示反对，并且调侃道不抢清洁阿姨的饭碗。其中一些则认为回收餐具并非大学生的本分："收拾餐具是食堂应该做的，否则要清洁人员干什么？再说食堂是承包给他们的，他们有义务做，没见过在饭店吃饭还要自己收拾餐具的。""请问你们去肯德基、麦当劳吃了饭会把餐盘收走吗？只有服务跟上了才会变得更好。"

学校食堂的清洁阿姨负责收拾餐具和洗碗。在就餐高峰期，她们穿梭在每排桌子中间收拾餐具，根本忙不过来。很多学生端着餐盘看着满桌狼藉而不忍入座。

"大学生以后都是国家的栋梁之才，这一件小事都不肯做，怎么去做大事？这也是素质的体现。"

在餐后归还餐盘，是文明素质的体现，而且方便其他人就餐，利人利己，何乐而不为？这也和周遭环境息息相关，如果大部分人都自觉餐后收拾餐具，那么其他人也都会纷纷效仿。这是要经过多年养成的一个习惯，每个大学生都应该从小事做起，养成良好的生活习惯。主动还回餐具，这是日本、美国、英国等发达国家小学生都明白的最基本的用餐礼仪，同学们也应该如此。

礼仪极具人文性、社会性。在社会生活中，人类繁衍生息的地方，时时有礼仪、处处有礼仪。

校园生活礼仪是在长期的校园生活中约定俗成的实用性礼仪，同学们在食堂、宿舍等场所应该遵守相关礼仪规范。

在校园生活中，食堂礼仪是不可忽视的一个方面。《礼记》中记述了孔子的话"夫礼之初，始于饮食。"就是说饮食礼仪是一切礼仪制度的基础。食堂是学校生活里重要的公共活动场所。一日三餐，餐餐要去，下面细数一下在食堂就餐的礼仪。

一、就餐礼仪

食堂内人员众多，就餐时间相对集中，作为学生，要注意就餐礼仪，在规定时间用餐，自觉排队打饭，不要争抢、插队，要学会多给他人方便。在就餐时间人多拥挤，若不慎发生了摩擦及小纠纷，应主动说声"对不起"或"没关系"。不要因为食堂工作人员忙碌而做出起哄、敲击碗筷等吵闹行为，这是非常失礼的。要注意保持就餐环境卫生，不可在餐厅乱扔杂物，不随地吐痰，不吸烟。要尊重食堂工作人员的劳动，爱惜粮食，注重节俭，节约用水，水龙头应随手关闭。要爱护公共财物，不可用脚踏饭桌、坐凳等。要注意环保，不乱占用资源，不超量购买，不乱倒剩菜剩饭，吃不完的食物应倒入指定的餐厨垃圾筒中。如果饭菜有问题，应和颜悦色地与工作人员沟通，不要争执，礼貌地反映问题可以帮助食堂改进工作，提高服务与餐品质量；如果还得不到解决，就应找学校有关部门解决。

用餐时，也要注意用餐礼仪。中华民族的饮食文化源远流长，享誉世界。文雅地吃是饮食礼仪最基本的要求。肚子饿的时候，食堂里的饭香是最具诱惑性的，下课铃声一响，便奔进食堂，狼吞虎咽、抢食的行为极不文雅。吃相可以体现出人的教养，要学会吃得文明、喝得礼貌。

入座后不要迫不及待、馋相毕现，与同席人点头示意或简单交谈，食物入口后便要"食不言"了，也就是口中有食物时不要说话，闭口咀嚼时不要发出过大的声音，喝汤要一勺一勺送入口中，不要吸食出声音，也不要大口豪饮，热汤要用汤匙搅动，不要吹汤。动作文雅，不要碰到同席中其他用餐的同学，不要把菜或汤汁洒落在桌面，如有骨头、鱼刺等，则应用餐巾包好，不要直接吐到餐桌上。用餐时，避免咳嗽、打喷嚏，不可抑制时，要将头转向无人就餐的一方，并用手掩住口鼻。用餐时速度不宜过快或过慢，过快影响消化，过慢不免让人觉得做作。学生多在身体发育中，食品中的营养与提高脑力及学习效率有着直接的关系。菜品选择要多样化，荤素搭配，营养均衡，不可挑食。不要长期吃快餐、速食类及高脂、高糖的食物，更不要让含有大量色素、防腐剂、添加剂的垃圾食品占据餐桌，否则不但易发胖，还容易造成胆固醇和血糖偏高，不利于健康。早餐要吃得多而丰富，一上午的能量都靠它来输送，不可不食。中餐，相对简单。晚餐则重质不重量。尽可能不要吃夜宵，夜宵容易增加胃肠负担；若实在很饿，可以吃容易消化的水果或蔬菜沙拉，也可在入睡前喝杯牛奶。

饮食是文化 请从窗口文明做起

除以上问题外，在学校食堂内还应注意，情侣就餐不要太亲密，以免引起同学们的反感心理。不要带饭到教室，教室里弥漫着饭香，会影响上课质量。切忌用手指剔牙，应用牙签，并以手或手帕遮掩。与师长、同学和熟悉的人在一起用餐时，先吃完的时候要礼貌地说"大家慢慢吃"，然后离席，将用过的餐具放到指定位置。

二、宿舍礼仪

宿舍是同学们在校期间共同生活的场所，同一个宿舍的同学好比一个家庭中的兄弟或姐妹，气质性格迥异，要融洽相处并非易事。注意宿舍礼仪、遵守宿舍规范是学生生活礼仪不容忽视的一个重要方面。

宿舍内不只是自己一个人的天地，必须遵守宿舍内的文明公约，按时作息，保持屋内整洁，箱子、衣、帽、鞋、袜及日用品等应放在指定位置，被子、柜子、书架整齐划一，不往窗外倒水、扔东西、吐口水。按时起床、就寝。熄灯铃后不得谈话、打闹，不得进行体育或其他活动。讲究文明，不随地吐痰，不说脏话、粗话，严禁在宿舍吸烟、喝酒。卫生安排轮值，定期全体大扫除，自觉爱护宿舍环境。到他人宿舍，应先敲门，得到允许后方可进入。非经教师同意，男、女生不准互串宿舍。注意环保，温度在12℃以下开暖空调，26℃以上开冷空调，人走灯熄，爱护屋内设施，损坏设施应主动赔偿。

有幸成为室友，就像家庭中又多了几名成员，要和谐相处、相容相帮。室友们按照年龄大小排个次序，亲切地喊着"大姐、二姐"，亲亲热热，温馨和美；给室友留下良好的印象，注意个人衣着品味，举止文明；一人有事，众人相助，主动热情，不计得失；坦诚以待，倾心交流，有容人的雅量、宽广的胸怀；人无完人，日常生活难免有冒失、大意的时候，如造成损失，要予以补偿；"良言一语三冬暖"，学会真心的赞美、有效的沟通，注意语言艺术，同学们可以在宿舍内谈天说地，但属于这个宿舍的私密，要共同遵守。

宿舍也不时时都是无忧乐土，注意不要自以为是，给人以孤傲自赏的感觉，不过分标榜自己、轻视别人，多看室友的优点，避免被人排斥、孤立；不侵占其他室友的空间，尊重他人的生活习惯；不做固执己见的刺头，控制好自己的情绪，若与室友发生矛盾，要尽力化解，及时休战，不迁怒劝和的其他室友；多给人留面子，多为室友着想，多给室友鼓励、认可，你将收获张张笑脸，赢得珍贵的友谊。

尊重他人的隐私，不翻动室友私人物品；若有亲友探望，要主动留出空间回避，不要探听插言。

三、如厕礼仪

卫生间通常是反映一所建筑物档次的标志，而在卫生间里的行为举止也是一个人文明素养的最直接展现。俗话说得好："人有三急。"卫生间是每个人都要去的地方。学校公共区域和宿舍内的卫生间都是共用的，所以在使用过程中就要讲究和遵守相应的礼仪规范。

礼貌排队。不论男女，在卫生间都有人占用的情况下，后来者必须排队等待。一般是在入口的地方，按照先来后到依序排成一排，一旦有某一间空出来，排在第一位的自然拥有优先使用权，这是国际惯例，而不是人们各排在某一间门外，以赌运气的方式等待。

自觉维护环境卫生。卫生间最忌讳肮脏，所以在使用时应尽量小心，如有污染也应尽可能清洁干净，避免影响下一个如厕者使用；女性卫生用品千万不要顺手扔入马桶，以免造成马桶堵塞；不要踩踏在坐便器上，不要大量浪费卫生纸导致后来者无纸可用。方便后谨记"来时匆匆，去时冲冲"的规范，及时冲水，有些地方的冲水按钮位置和平常所见的位置有所不同，但一般都是在水箱旁边，有的在水箱上方，用手按下时，注意按钮是否归位，避免浪费水资源，也有一些是设置在地面上用脚踩的。实际上，用脚踩的方式应该是最符合卫生标准的。如果怕冲水时手被污染，则不妨用卫生纸包住手指再按冲水钮。用完卫生间应该故意将门留下明显缝隙，让后来者不需猜测就知道该位置可以使用。在卫生间内还要注意，不要发出怪声响，如迫不得已，也要以冲水的声音来加以掩饰，否则会使自己和外面的人感到难堪。洗手时，尽量不要将水溅到四周；如果不小心将水溅出，则应用纸擦拭干净。

在开放式的公共卫生间内，盯着他人看是非常失礼的行为。男士在小便的时候切不可左顾右盼、瞻前顾后、东张西望，而抬头看天花板等避免直视他人的做法则是不错的选择。

将厕纸拿走私用，使用自来水、洗手液无度，都是很不文明的行为。

第五节　校园社交礼仪

案例导入

远在北宋时期，福建将乐县有个叫杨时的进士，他特别喜好钻研学问，到处寻师访友，曾就学于洛阳著名学者程颢门下。程颢病危之时，将杨时推荐到其弟程颐门下，在洛阳伊川所建的伊川书院中。杨时那时已40多岁，学问也相当高，但他仍谦虚谨慎，不骄不躁，尊师敬友，深得程颐的喜爱，被程颐视为得意门生，得其真传。一天，杨时同一起学习的游酢向程颐请求学问，却不巧赶上老师正在屋中打盹儿。杨时便劝告游酢不要惊醒老师，于是两人静立门口，等老师醒来。一会儿，天飘起鹅毛大雪，越下越急，杨时和游酢却还立在雪中，游酢实在冻得受不了，几次想叫醒程颐，都被杨时阻拦住了。直到程颐一觉醒来，才赫然发现门外的两个"雪人"！从此，程颐深受感动，更加尽心尽力教杨时。杨时不负众望，终于学到了老师的全部学问。之后，杨时回到南方传播程氏理学，且形成了独家学派，世称"龟山先生"。

后人便用"程门立雪"这个典故，来赞扬那些求学师门，诚心专志，尊师重道的学子。

尊师重教历来被视为中华民族的传统美德，是文明的象征，古时更有"一日为师，终身为父"之说，本节介绍师生之间、同学之间的礼仪规范，师生之间、同学之间的相处是一门值得好好研究的艺术。

一、师生相处礼仪

师生之间是平等友爱的关系。现代教育提倡服务于学生，总的来说是希望既能够教学生文化知识、处世道理，又可以成为学生的知心朋友，为学生排忧解难，在学生成长的道路上扶一把，再送一程。教师对待所有学生要一视同仁，不以成绩论"英雄"，本着公平、客观的原则教育学生，不要有偏颇；批评学生时，必须先了解清楚情况，避免感情用事、片面批评，应尽量选择私下的环境，语气尽量委婉，不可伤及学生自尊，更不能打骂；无论是什么原因误解了学生，都要主动且及时地道歉，如有必要还须当众进行澄清；热情地回应学生的问候，不摆架子，态度和蔼，回应时，应注视学生的眼睛；与学生交流时，要实事求是，避免卖弄学识或不

懂装懂；及时发现学生身上的闪光点，合理送出赞美。

学生不可对老师无礼，在校园内或其他场所见到老师都要礼貌地打招呼，无论是不是自己的授课老师都要礼貌问候，在狭窄的楼梯或通道上遇到师长时，应礼貌问好后主动为其让路；提及老师时不要直呼其姓名，一定要直呼其名时，也要在名字后面加上"老师"二字，以示尊敬；进出老师办公室也要有礼貌，先敲门，喊"报告"，出门时道"再见"并随手关门，动作要轻，脚步要稳，避免过分喧器，停留时间也不宜过长，避免与老师开过多玩笑，未经允许，不要翻动老师的物品；不忘师恩，客观对待老师的批评，不能怀恨在心，不可败坏老师的名誉；不要当众指责老师，可私下沟通交换意见；不要说谎欺骗老师，无论什么原因无法上课或离校不归，都要提前请假，得到允许后才能离开，不可擅自延期做出决定；不在背后打听议论老师的私事，不清楚的事情不要道听途说，如偶然获悉，不要主动传播；不要因为老师的优秀而表白感情，要知道知识与气质风度通过努力都会拥有，不要混淆师生情与爱情；不要向老师行贿，所有的荣誉都要靠努力获取。

二、同学、朋友、情侣相处礼仪

我们常常看到这样的情况：有的同学非常有才华，但不善于与人相处，不懂得以礼待人，常常是智商"学霸"，情商"学渣"，这样的人往往与成功无缘；而有些同学，虽然成绩不是最优异的，却能人情练达、明礼敬人，能够把各具才华的人聚集在一起，成就一番事业。

校园交际便是不可忽视的重要环节。与同学相处和谐、关系融洽，才能有一个好的学习生活环境，因此，应懂得并遵守人际交往中的基本礼仪规范。

（一）同学间的礼仪

1. 同学之间要团结互助

不说脏话、粗话，不骂人，不给同学起侮辱性的绰号，不嘲笑同学的生理缺陷，不说伤害同学的话，不做对同学无理的事。要从友善的角度出发，不猜忌、怀疑人，不嫉妒、巴结人，乐于助人。

2. 与同学相处，要诚实守信，知行合一

出现问题不相互推诿，有错就改。不轻易承诺，但要言必信、行必果。借用学习或生活用品时，应征得同意后再拿，用后归还，并要致谢，尤其牵涉到财物要及时归还。

3. 团结友爱，对同学的相貌、体态、衣着不能评头论足

不背后议论同学，对于同学遭遇的不幸、偶尔的失败、学习上暂时的落后等，不应嘲笑、观望、歧视，而应该给予热情的帮助。严禁对同学造谣中伤、人身攻击，打架斗殴，聚众闹事等违纪违法行为。

4. 建立好的人际关系，谦虚随和，不自以为是，不自我封闭

不感情用事，宽容大度，不斤斤计较，不宜树敌；坦然接受批评，虚心请教，努力改正，不要对批评置若罔闻，与同学发生误会切不可置之不理，不窥人隐私，不偷看同学的信件、日记等。

5. 男、女生相处言语得当、举止有度

避免借助性别的优势欺负异性，男女生各有优势，男生体力好，女生心细体贴，各自发挥优势，相互帮助，珍视友谊。女生不宜接受陌生人的邀请，不宜拿男生的东西，要自尊自爱。

6. 男、女生之间接触不宜过于密切，要保持一定距离

平等相待，坦荡相交。尊重和照顾女生，在室内外活动时，平稳安全的环境下女同学优先出行；崎岖、陡峭、通过较困难的环境下，男同学先行，并在通过后协助女同学通过。男同学与女同学并排走路时，男同学应该走在外侧；两名女同学与一名男同学出行时，男同学居中，双方都可以兼顾，不失礼。

7. 到同学家做客要征得双方家长的同意

到同学的家里时要礼貌地称其父母为叔叔阿姨或伯父伯母，其他亲人与同学一样称呼即可。不要乱翻同学家的东西。除非异地做客，否则尽可能不要在同学家用餐、留宿，以免干扰同学家的正常生活。被访同学要尽心款待，表现得热情友好。

8. 神交应多于物交

同学之间的交往，更多的是满足精神需要，追求心灵上的共鸣、情感上的交融。不要结交酒肉朋友或势利小人。有的同学与人交往时，过于看重物质，喜欢攀比，不符合同学交往的真正意义。同学之间最有价值的交

往应该体现在对学习和友情的追求上，别让"人情债"压垮了友谊桥。

（二）朋友间的礼仪

友谊是点缀人生最美的花朵，是人一生中重要的情感依恋和人际关系，人们在社会交往与人际交往中建立的友谊，使人获得归属感，感受到温情与力量。

在与朋友相处中不要有功利心，在朋友遇到困难时，要出手相帮，取得成功时，要真心分享喜悦；朋友相交也不是都一帆风顺，切记不可相互拆台，朋友间互相拆台所造成的伤害更让人难以接受，伤痛是刻骨铭心的；朋友间要相互理解尊重，不宜干涉过多，接受差异，求同存异，对于朋友间的争论不宜急躁；朋友之间毕竟不是血缘关系，要细心维系，不要时冷时热；对待朋友要像春天般温暖，不要忽视，要适时给予赞美；广交朋友，不要局限在小范围；朋友相约不要因为关系好就迟到，送别时不要急于收场，尤其是朋友远行时要送出祝福，目送朋友离开后再转身离开；虽然有很多"损友"相爱相杀，以互损为乐，但朋友间还是要玩笑适度，不要让对方尴尬，更不要让朋友误会你在炫耀自己贬低他人。

（三）情侣间的礼仪

步入大学校园后，一对对恋人已然成了一道亮丽的风景线。谈恋爱需要一些沟通技巧，并且懂得一些恋爱的礼仪规范。

1. 敞开心扉，积极沟通

有了心仪的对象，想要他（她）接受你的感情，有效的沟通是非常必要的。了解到他（她）的兴趣爱好，寻找双方的共同语言，增加与他（她）的联系频率，让对方感受到你的心意，敞开心扉，愿意接纳你，彼此信任对两人之间的感情才有推进作用。避免因从众心理、物质需要而恋爱。要倾听对方的心声，谈恋爱是两个人的事情，那么就需要两个人共同付出，不要一味索取。

遇到不合心意的追求者要礼貌拒绝，不要伤害对方的自尊心。

2. 张弛有度，理解包容

恋爱中的人往往喜欢依赖与被依赖，但也要学着独立，给彼此留下自由独立的空间。不要拒接电话，不要相互猜忌。恋爱中，难免会有些小吵小闹，但不要轻易说分手，应当学会理解和宽容，既是容人也是容己。若一味地执着，很有可能导致不欢而散，事后细想，徒增后悔。

3. 珍惜彼此，懂得放手

谈的是恋爱，不是脸蛋身材、家世背景等。更何况，在要求别人完美的时候，有没有想过你自己是不是个完美的人呢？学会知足，不要攀比；如果真的发现不能走到最后，也要尽量避免伤害，理智分手，不要激化矛盾；分手时要讲究方式方法，可以面谈，也可以通过邮件、短信，还可以通过共同的朋友转达；分手尽量选择在公共场所，可以避免过激行为；分手时不要拖泥带水，给对方错觉，以为还有希望挽回。

礼仪是人生旅途的必修课，学生通过校园礼仪的学习，继承和发扬我们文明古国的礼仪文化，彰显我们礼仪之邦的风貌。让每一名同学都成为懂礼、知礼、守礼之人，遇见更好的自己。让礼仪之花盛放于校园的每一个角落。

📑 延伸阅读

1. 新学期未成年人要学"八礼四仪"。http://roll.sohu.com/20140214/n394983909.shtml。

八礼

仪表之礼：面容整洁、衣着得体、发型自然、仪态大方。

仪式之礼：按规行礼、心存敬畏、严肃庄重、尊重礼俗。

言谈之礼：用语文明、心平气和、耐心倾听、诚恳友善。

待人之礼：尊敬师长、友爱伙伴、宽容礼让、诚信待人。

行走之礼：遵守交规、礼让三先、扶老助弱、主动让座。

观赏之礼：遵守秩序、爱护环境、专心欣赏、礼貌喝彩。

游览之礼：善待景观、爱护文物、尊重民俗、恪守公德。

餐饮之礼：讲究卫生、爱惜粮食、节俭用餐、食相文雅。

四仪

7 岁：入学仪式，让刚入学的小学生感受学习乐趣、接触校园生活、感知礼仪规范。

10 岁：成长仪式，让小学三到四年级的学生学会感恩、懂得分享，理解父母的养育之恩、师长的教诲之恩、朋友的帮助之恩。

14 岁：青春仪式，让中学生学会交往沟通，控制情绪、包容他人，迈好青春第一步。

18 岁：成人仪式，让年满 18 周岁的学生懂得成人之责，做守法公民，担起社会责任，不断完善自我，立志成才报国。

2. 袁涤非.现代礼仪[M].北京:高等教育出版社,2014.

3. 翟文明,夏志强,春之霖,等.社交与礼仪知识全知道[M].北京:中国华侨出版社,2010.

视频链接

师生校园礼仪展示《礼传天下》。https://v.qq.com/x/page/s0362iek540.html。

参考文献

［1］　姬仲鸣,周倪.孔子:上卷［M］.北京:中央民族大学出版社,1998.

［2］　姬仲鸣,周倪.孔子:下卷［M］.北京:中央民族大学出版社,1998.

［3］　杨朝明.荀子［M］.开封:河南大学出版社,2008.

［4］　黄怀信.大学 中庸讲义［M］.北京:清华大学出版社,2013.

［5］　司马光.资治通鉴［M］.太原:北岳文艺出版社,2013.

［6］　刘同.谁的青春不迷茫［M］.北京:中信出版社,2012.

［7］　李清如.跟杨澜学做完美女人［M］.武汉:武汉出版社,2012.

［8］　周小平.请不要辜负这个时代［M］.海口:南海出版公司,2014.

［9］　袁涤非.现代礼仪［M］.北京:高等教育出版社,2014.

［10］　翟文明,夏志强,春之霖,等.社交与礼仪知识全知道［M］.北京:中国
华侨出版社,2010.

后　记

　　2017 年年末，全国知名礼仪专家袁涤非教授邀请我参与"中国礼仪文化丛书"的编写工作。接到邀请，我感到万分荣幸。我接受了其中两本书的编写任务，分别是《服务礼仪》《生活礼仪》。由于时间紧、任务重，我又邀请了王姿琰老师和贺罗娜老师与我一同进行《服务礼仪》的编写工作，邀请了刘彦萍老师、马丽老师和朱娜老师与我一同进行《生活礼仪》的编写工作。

　　由于参与编写的老师基本都是人到中年，上有老、下有小，除了平时的日常工作、家庭琐事，留给我们的写作时间确实非常有限。尽管如此，在近半年的时间里，我们经常互相沟通、互相勉励，都付出了辛勤的劳动，才得以完成这部来之不易的作品。在此，我对以上参与编写的老师表示感谢！谢谢你们的认真、谢谢你们的辛苦！

　　《生活礼仪》主要阐述了生活中各个方面应遵循的礼仪细节，如中国传统仪式及节日礼仪、家庭生活礼仪等。在我们的日常生活中，礼仪的运用十分广泛。希望读者通过阅读本书，了解日常生活中的礼仪知识，让自己成为一个懂礼知礼，尊重他人，同时也受人尊敬的人。

　　请广大书友在阅读本书以后，给我们提出宝贵的意见和建议。

编著者

2018 年 4 月